VOYAGES

DE

FRANCOIS COREAL

AUX

INDES OCCIDENTALES,

Contenant ce qu'il y a vû de plus
remarquable pendant fon féjour
depuis 1666. jufqu'en 1697.

TRADUITS DE L'ESPAGNOL

AVEC UNE

RELATION

De la Guiane de Walter Raleigh & le Voyage
de Narborough à la Mer du Sud par
le Detroit de Magellan.

TRADUITS DE L'ANGLOIS.

TOME PREMIER.

A AMSTERDAM,
Chez J. FREDERIC BERNARD 1722.

RELATION
DES
VOYAGES
De FRANÇOIS COREAL
AUX
INDES OCCIDENTALES,

*Contenant une Description exacte
de ce qu'il y a vû de plus remarquable pendant son séjour, depuis
1666. jusques en 1697.*

CHAPITRE PREMIER

*L'Auteur, après avoir déclaré le su-
jet de son Voïage aux Indes Occidentales, donne la Description des
principales Iles Antilles.*

E quitai *Cartagene* ma patrie à l'age de dix-huit
ans, plein de passion
pour Voyager, & ani-
mé de cette curiosité as-
sés ordinaire aux jeunes gens,

Dessein
quel'Au-
teur à de
voyager.

A   mais

mais qui n'étant pas foutenue par la
prudence & par les biens degenere
facilement en libertinage. Mes Parens voïant qu'ils ne gagneroient
rien à contraindre mes volontés, &
qu'au contraire ils ne feroient qu'ir-
riter la paffion, me laifferent à ma
deftinéé. Ils me firent pourtant mèt-
tre fur un Gallion à la faveur de
quelques petites recommandations;
qui ne m'éleverent prefque pas au-
deffus du Rang de petit apprentif
Marinier, tel que je l'étois. Nous nous
embarquames donc à la garde de
Dieu en 1666. le 19. May & fimes
voiles de *Cadix* deux jours après.
Je ne puis affez dire avec quelle facilité je m'accoutumai pendant cette Navigation à la vie libertine des
gens de mer; ce qui peut être contribua beaucoup à me faire oublier
mon païs natal, & à me faire fup-
porter la fatigue de ce voyage.
Il faut ajouter à cela les raifonnemens
des Equipages, qui fe prometoient
de faire bonne vie en *Amerique*, où
il n'eft queftion que de piller aux
dépens du Roy, & des Indiens,
comme je l'ai remarqué plus d'une
fois

fois dans mes courses, & comme je le dirai dans cette Relation.

Le 3. Juin nous mouillames à *Sainte Croix*, d'où nous repartimes le 8. nous étant passablement rafraichis. On trouve toujours toute forte de bons fruits dans les *Canaries* & sur tout à *Sainte Croix* : mais je ne m'arréterai pas à décrire ces Iles, qui font à present très connues & frequentées d'une infinité de Navigateurs Europeans.

Aïant passé la hauteur de *Gomera*, nous fimes d'abord le Sud, pour éviter d'être pris des calmes, après quoi nous fillames Ouest-Sud-Ouest jusqu'à 23. Degrés de hauteur, où nous primes l'Ouest jusqu'aux Iles *du Vent* ; fans qu'il se passât rien d'extraordinaire dans notre Navigation depuis le 8. Juin jusqu'au 25. que nous mouillames l'ancre à la *Desirada* qui est une Ile gisant à 18. lieuës de la *Guardeloupe*.

Je laisse là le reste de la route de notre Flotte, pour venir à la Description des Iles où j'ai été ; & je crois que l'on ne trouvera pas mauvais que j'épargne ainsi aux Lecteurs la peine de relire des choses qui se

A 3   trou-

trouvent dans toutes les Relations.
Mon deffein eft de n'écrire ici que
des chofes nouvelles & utiles.

Defirada   Cette Ile *Defirada* peut avoir vint
lieües de tour, fa beauté juftifie fon
nom : elle eft à l'Orient de la *Guar-*
deloupe, & n'eft pas éloignée de *Ma-*
rie galante, autre Ile fort bonne, où
il croit quantité d'arbres odoriferans,
de Racines &c.

On trouve encore à l'Orient de
la *Guardeloupe* fix petites Iles nommées *de los Santos* & *Sainte Barbe*;
mais on ne tient pas compte de ces
Iles, qui ne font que des ecueils in-
fertilles. Il eft dangereux pour les Mariniers de les reconnoitre de trop
près.

Domini-   La *Dominica*, ainfi nommée à cau-
ca.   fe qu'elle fut decoûverte un Diman-
che, git un peu plus loin. C'étoit
une Ile de Canibales au tems de nos
premieres Navigations, & fi pleine
d'arbres, qu'à peine pouvoit on y
paffer. Les Canibales y font en
partie detruits, mais cette Ile eft encore aujourd'hui couverte de bois.
On dit qu'autrefois l'Ile *Mandanina*
ou *Martinique*, qui eft dans le voifinage, n'étoit habitée que par des
fem-

femmes *Amazones* , & que les Canibales les venoient voir de tems en
tems , & enmenoient les enfans mâ-
les qu'ils en avoient , laiſſans les filles aux Meres : mais je tiens que ce
ſont des contes.

Il y a 40. lieues de là à l'Ile de
Monferrat , & l'on voit ici, outre les
ſuſdites Iles , & ſans compter pluſieurs rochers } *Saint Vincent* , *Gre-*
nade & *Sainte Lucie* , les *Grenadil-*
les &c.

Mais *Cuba* eſt une Ile tout autre- *Cuba.*
ment conſiderable , que celles dont
j'ai parlé ; c'eſt une des plus grandes *Antilles* que *Chriſtofle Colomb* découvrit en 1492. & que l'on nom-
me auſſi quelquefois *Ilha de Sant-*
Jago du nom de la Ville de *San-*
Jago. L'Ile de *Cuba* a du côté de
l'Eſt celle de *San Domingo* , à l'Oueſt
Yucatan , au Nord la grande pointe
de *la Floride* & les Iles *Lucayes* , au
Sud l'Ile de la *Jamaïque*. Ainſi ſa
ſituation eſt très avantageuſe ſoit
pour la ſortie , ſoit pour l'entrée de
nos Flottes. *Cuba* s'étend plus en
longueur qu'en largeur , & a d'un
bout à l'autre près de trois cens
lieues d'étenduë ; de Nord à Sud

A 4. ſoiſ-

foiffante dix; en largeur quinfe, &
en quelques endroits dix & neuf.
Le millieu de l'Ile eft à 91. Degrés
de longitude & à 20. de latitude.

On a tenu autrefois cette Ile pour
une partie du Continent, à caufe de
fa grandeur, & fes habitans même
ne croioient pas qu'elle en fut feparée par la Mer. Le terroir y eft rude & montueux, la mer brife en
plufieurs endroits, les riviéres font
petites, mais de bonne eau. On
trouve dans l'Ile de l'or & du cuivre. Les Montagnes y renferment des
mines très riches & l'on trouve auffi
du cuivre à *Sierras de Cobre.* L'air
y eft temperé, mais quelquefois un
peu froid. On y trouve encore la
matiére des couleurs pour teindre
des draps & des peaux. Il y a auffi
quantité de bois & d'eau douce,
outre plufieurs viviers dont l'eau eft
naturellement falée. Les Bois ont
quantité de Bœufs, de Taureaux fauvages & de fangliers, & les riviéres y donnent fouvent de l'or, à ce
qu'on affure.

Il y a fix Villes confidérables habitées des Efpagnols en cette Ile de
Cuba. San-Jago fiége de l'Evêque
eft

eft la principale. Le port de cette
Ville eft fort beau, ce qui lui pro-
cure un grand negoce de fucre, de
cuirs & de tabac. Mais *la Havana*
eft la premiére ville marchande de
toute l'Ile & où fe conftruifent les
Navires. C'eft une grande & belle
Ville, où l'on compte vint-cinq-mil-
le habitans. Tous les Vaiffeaux qui
navigent d'*Efpagne* en *Amerique* y
viennent mouiller. Son commerce
s'étend dans tout le Continent, à
Campêche, à *la Nouvelle Efpagne* à
la Floride &c. Elle a fous fon dif-
trict plufieurs petites villes, Bourgs
& Villages. Il y a toujours bonne
garnifon dans la Ville & à trois
forts, dont deux defendent le Port,
& l'autre domine fur la Ville & fur
le Port.

La *Havana* eft renommée pour fes
cuirs, dont les meilleurs font ceux que
les coureurs de bois vont prendre à
la chaffe dans les *Materias*. Le commerce du refte de l'Ile, comme de
Baracoa, *Los Caios*, *Trinidad*, *Sainte
Marie*, confifte en cuirs, fucres,
tabac & confitures fêches.

Notre *Gonfale Ovetano* a obfervé
deux chofes fingulieres en l'Ile; l'u-

A 5　　　　ne,

ne, qu'entre deux Montagnes il s'y
trouve une vallée de trois lieuës
d'*Espagne* en longueur, en laquelle il
y a certaines pierres naturellement si
rondes, qu'on ne sauroit les arron-
dir davantage. Elles y sont en telle
quantité, qu'elles pourroient servir de
lest aux Batimens, & de boulets à
canon au lieu de plomb ou de fer.
L'autre, qu'assés près de la Mer, il
s'y trouve une montagne d'où la
poix découle abondamment jusques
dans la Mer, où elle flotte. On s'en
sert fort bien au lieu de *bray* pour
calfeutrer les Navires.

A l'égard des habitans naturels qui
y sont encore en fort petit nombre, ils
n'ont pas tout à fait le même languaje
que ceux des autres *Antilles.* Ils vont
tous nuds, tant les hommes que les
femmes. C'étoit une coutume inviolable parmi eux, que l'Epoux ne cou-
choit pas avec son Epouse la premiére nuit de ses Nôces. Si c'étoit
un *Cacique* qui se marioit, il invitoit d'autres chefs à cette expédition
amoureuse ; si c'étoit une personne
de moindre rang, elle y invitoit ses
pareils. Les *Caribes* de la plus basse classe empruntoient en cette oc-
ca;

cafion les foins charitables de leurs
Caciques & de leurs Prêtres. Nous
autres Europeans ne fommes pas
de ce gout-là. Les hommes aban-
donnoient leurs femmes pour de
très legeres occafions, mais les femmes ne pouvoient abandonner leurs
maris pour quelque caufe que ce
fut ; ce qui rendoit les hommes luxurieux & adonnés]aux vices , auffi-
bien que les femmes. D'ailleurs ces
peuples n'avoient ni pudeur , ni vertu ; ce qui paroit affés dans ceux
qui reftent encore aujourd'hui : car
on les a presque tous exterminés par
le fer, par le travail aux mines , &
de plufieurs autres màniéres. La
faim & la mifére en ont confumé
plufieurs dans les bois & dans les
rochers.

Il y a dans cette Ile beaucoup de
vermine , des Serpens & des Couleuvres, que les Sauvages mangent
hardiment. Ces Serpens fe nourriffent de certains petits Animaux que
les *Caribes* ou *Canibales* appellent
Guaniquinax, & l'on en trouve quelquefois fept on huit dans le ventre
de ces Couleuvres : bien que ces
bêtes foient auffi grandes que des

A 6 Lie-

Lievres. Le *Guaniquinax* reſſemble
de la tête à une Belette, de la queuë
au Renard, & du poil aux Daims.
Sa couleur eſt un peu rouſſe, &
ſa chair de bon gout & ſaine.

*Jamaï-
que.*

Le ſéjour que j'ai fait à la *Jamaïque*, pendant tout le tems que j'ai
été parmi les Flibuſtiers Anglois, m'a
donné occaſion de la connoître aſſés
éxactement. Cette Ile git à l'opoſite
de *Cuba*, à 17. & 18. Degrés de
Latitude Septentrionale. Nous l'a-
vons nommée *Saint Jacques*, & poſ-
ſedée juſqu'en 16.... que les Anglois nous l'enleverent. Depuis ce
tems-là ils s'y ſont ſi bien multipliés,
qu'il y a au delà de ſeize-mille habitans Anglois. Cette Ile leur eſt
d'une très grande utilité, & ils y
font des profits conſidérables; à
quoi contribue auſſi ſa ſituation a-
vantageuſe pour le commerce des
Indes Occidentales & du Continent,
d'où les Eſpagnols viennent pour y
échanger leurs Marchandiſes pour
des habits, des bas, des chapeaux,
des ſerges & autres étofes, des rubans, du ſafran, du cuivre, des
ouvrages d'acier & de fer, &c. &
ce trafiq, qui eſt très avantageux
aux

aux Anglois, l'eſt auſſi beaucoup à nos gens.

La *Jamaïque* a à l'eſt l'Ile de *Saint Domingo*, qui en eſt à 25. lieuës, à l'Oueſt la pointe de *Jucatan*, au Nord *Cuba* dont je viens de parler, & d'où elle eſt éloignée de 20. à 25. lieuës. Elle a une autre petite Ile au Sud. *Chriſtofle Colomb* la decouvrit en ſa deuxiéme Navigation, & ſon fils qui étoit à *San Domingo* s'en rendit maitre dans la ſuite. La largeur de l'Ile excede ſa longueur, car elle a de l'Eſt à l'Oueſt environ cinquante lieuës, & du Nord au Sud autour de vint, mais comme elle eſt ovale, elle perd de ſon étendue, à meſure qu'elle ſe reſſerre vers ſes deux extremités. Elle étoit, comme j'ai dit, habitée autrefois par nos gens qui en détruiſirent les habitans naturels, comme ils firent ceux des *Lucaïes* & des autres Iles.

On voit à la *Jamaïque* une Montagne élevée de tous cotés, mais d'ailleurs une chaîne de hautes montagnes la coupe en deux par le milieu, & il en deſcend des ſources qui forment des ruiſſeaux fort utiles aux habitans. Les *Caribes* de cette

A 7
te

te Ile étoient les plus habiles & les plus induſtrieux de tous les Inſulaires de ces parages, à ce qu'on aſſure dans nos Hiſtoires. La principale Ville de l'Ile ſe nommoit *Seville* au tems que les Eſpagnols y étoient encore Maitres, à cauſe d'un certain *Pierre Martyr*, qui y erigea une Abaie de ce nom, dont il fut le premier Abé. Elle porte encore aujourd'hui le même nom, mais outre * *Port-Royal*, *San Jago* eſt preſentement la Ville la plus conſidérable. Le Gouverneur Anglois y reſide & elle ſe peuple de jour en jour par les bons ſoins des Anglois & par l'avantage du commerce qui s'y fait avec les Eſpagnols de la Terre Ferme. On a partagé toute cette Ile en . . paroiſſes.

Le Sol y eſt bon & fertille, la Terre en eſt noiratre, excepté du coté du Sud, où elle eſt rouge & ſabloneuſe. On croit qu'il y a quelques mines d'or, mais du moins il eſt ſûr, qu'il y a quantité de *Savanas* ou terres à Maïz, que les Eſpagnols

* Cette Colonie a été preſque toute renverſée en 1692, par un ouragan.

gnols convertirent en paturages,
pour y nourrir le Bêtail qui y fut
amené d'Espagne & qui s'y multiplia
bien-tôt extraordinairement. De forte
te qu'on trouve dans les bois de
grans troupeaux de chevaux & d'autre
tre bétail devenu fauvage. Outre
ces Animaux, les Anes, les Mulets,
les chevres & les cochons tant fauvages
vages que domeftiques y abondent,
& la chair de ceux-ci eft meilleure,
plus nouriffante & moins pefante à
l'eftomac, qu'en aucun autre endroit.
droit. Il n'y manque ni poiffons,
ni oifeaux privés & fauvages.

A l'égard des productions de l'Ile,
on y trouve du *Gaiac*, de la Racine
China, de la *Sarfepareille*, *Caffe*,
Tamarins, *Vanille*, *Achiote* &c, diverfes
verfes Gommes, du *Contra yerva*, du
Sumac. Le *Sucre* y abonde; il y a
beaucoup d'*Indigo*, de même que
du *Coton*, des *Tortues*, & du *Tabac*,
qui ne vaut pas celui de la *Havana*.
On y fait auffi des cuirs. La *Jamaïque*
que eft un nid d'Avanturiers & d'écumeurs
cumeurs de Mer, d'autant plus facheux
cheux pour nous, que les Gouverneurs
neurs Anglois & autres Officiers de
l'Ile s'entendent prefque toujours avec
vec

vec eux, & font par ce moïen de groffes fortunes. Du tems que j'étois avec ces gens là, en 1680. & 1681. quelques principaux *Jamaïcains*, & peut-être le Gouverneur étoient fi vifiblement en focieté avec ces pirates, qu'il y eut même des Anglois qui menacérent d'en porter des plaintes en *Angleterre*; alleguant avec raifon, que de pareilles voleries ruinoient la fureté du Commerce, la bonne foi que l'on fe doit entre Chrétiens & même les Devoirs de l'humanité. Car en ces occafions les Anglois ne font ni les moins ardens à piller, ni les moins cruels à maltraiter les Efpagnols qui tombent entre leurs mains : & ils alleguent pour juftifier leur procedé, que les Efpagnols ne les épargnent pas non plus. Ce qu'il y a de plus facheux, c'eft qu'en ces occafions l'innocent paie prefque toujours pour le coupable.

Les Marées font ordinairement d'un pied à la *Jamaïque*. Les Tempêtes y font plus rares que dans les autres Iles, de même que les Ouragans, qui cependant font terribles quand une fois ils commencent. L'I-

L'Ile Espagnolle eft pour la grandeur la plus confiderable des *Antilles* après l'Ile de *Cuba*. Les *Caribes* ou *Canibales* l'appelloient autrefois *Quifqueia*, *Haiti* & *Cipanga*. *Haiti* en langue *Caribe* fignifie rude, & *Quifqueia* terre étendue. *Chriftofle Colomb* qui la découvrit lui donna le nom d'*Efpagnolle* ; mais elle eft plus connuë fous le nom de *San Domingo*, qui eft la Capitale de l'Ile Efpagnolle.

Cette Ile , qui fut découverte en 1493, a à l'Orient l'Ile de *Saint Jean de Porto-Rico* & quelques autres, à l'Oueft *Cuba* & la *Jamaïque*, au Nord plufieurs des Iles *Caribes*, & au Sud la Terre Ferme du *Cap* de *La Vela*, de *Venezuela* &c. Elle a, dit-on , trois cent cinquante lieuës de tour & même beaucoup plus, fuivant quelques Mariniers. Elle s'étend plus en longueur qu'en largeur, car elle a de l'Eft à l'Oueft cent cinquante lieuës, & du Nord au Sud en largeur quarante lieuës feulement en quelques endroits. Le millieu de l'Ile git au 19. Degré de Latitude. Elle a plufieurs bons havres & de fort bonnes Riviéres , comme *Nay-va*,

va, *Niqua*, *Vaques* & autres qui
se rendent à la Mer, & ces Riviéres abondent en poisson. Quelques
unes ont même de l'or. Il y a deux
Lacs, dont l'un vient des Montagnes, d'où la Riviére de *Nizao* prend
sa source ; l'autre qui se nomme *Xa-*
raca est salé, bien que plusieurs
Rivieres & ruisseaux d'eau douce s'y
viennent rendre & qu'il abonde en
poisson, sur tout en grandes Tor-
tuës & en *Hays* ou *Requiems*. *Xara-*
qua est près de la Mer & a onze
lieuës de tour. Il croit beaucoup
d'Indigo en cette Ile, & il y a en
abondance du Bois connu sous le
nom de *Bois de Bresil*, & une espece
de Cotoniers, dont on ne fait pas
grand cas. On y trouve de l'Ambre, & de l'or. La pêche, ainsi
que je l'ai deja dit, est assés bonne
dans les lacs & dans les Riviéres.
Cette Ile produit aussi de l'argent &
quelques autres metaux, beaucoup
de sucre, diverses sortes de Racines,
herbes & plantes Medicinales & potageres. Le sol y est très fertille,
les Laitues, Choux & Raiforts sont
bons à manger quinze jours après
y avoir été semés. Il n'en faut que
tren-

trente fix aux melons, aux concombres & aux Citrouilles pour les
meurir & les rendre de bon gout.

Cette Ile a la figure d'une feuille
de *Chataigner.* Une rangée de Montagnes rudes & pierreufes s'étend au
millieu & lui donne la forme d'un
dos élevé ; ce qui lui a fait auffi
donner le nom de *Cipangi* en language *Caraïbe.* On en a tiré autrefois
quantité d'or. Quâtre grandes Rivieres qui en découlent divifent l'Ile
en quatre quartiers, dont l'un s'é-
tend à l'Eft, où eft le Cap de *Saint
Rafael,* l'autre à l'Oueft, le troifié-
me au Midy, où eft *San Domingo,*
& le dernier au Nord, où il y a
beaucoup de *piment* & de *Bois* de
Brefil.

On y voit fur la Montagne de
Cibavos, un Chateau que les Efpagnols ont appellé *Saint Thomas.* Il
y a auffi plufieurs Villes & Villages,
mais la Capitale de l'Ile eft *San-Domingo,* batie par *Barthelemi Colomb,*
qui lui donna ce nom à l'honneur
de *Saint Dominique* : car il y arriva
le jour de la fête de ce Saint. Cette Ville eft fituée au bord de la Mer
en une plaine, & fes maifons font
tou-

toutes baties à notre maniére. Elle eſt le ſiége d'un Archevêque qui
a de bons revenus & quatre Evê-
chés ſufragans. La Riviére *Ozama*,
ou *Ozonca* a ſon embouchure au coté Occidental de la Ville, & il y
a un bon havre, ou pluſieurs Navires ſe peuvent tenir à l'abry. On
voit aux environs de grans bois
aſſés épais. L'or, le tabac, le ſucre, l'Indigo & les Cuirs y font le
principal trafic; & toutes ſortes de
bêtes à quatre pieds qui y ont été
amenées d'*Eſpagne*, y multiplient
de telle ſorte, qu'il ſe trouve là des
habitans poſſedans ſept à huit mille
bêtes. Mais les choſes y ont bien
changé pour le Negoce, depuis pluſieurs années; ſoit par les établiſſemens des *François*, qui peu à peu
ont trouvé le ſecret de profiter de
notre nonchalance, ſoit par les a-
vanies des guerres, & des Avanturiers. Les *François* ſur tout nous
ont fait beaucoup de tort. Ils ſe
ſont gliſſés de la *Tortue* & de *la
Vache* dans l'Ile, à leur maniére ordinaire, par la ruſe & par la douceur.
Enſuite ils s'y ſont maintenus par la
force & ont envahi le trafiq avec
cet-

cette premiere fougue qui leur eſt ſi
naturelle.

Au reſte quelque grand que ſoit
le trafiq des cuirs à *San Domingo*,
ceux de *Buenos-Ayres* ſont encore
plus eſtimables chez les connoiſſeurs:
ainſi que je le dirai dans ma Relation de *Buenos-Ayres*. Nos gens
n'ont ſoin d'y chaſſer qu'aux Bêtes
d'une bonne taille, afin d'avoir des
cuirs qui ſoient grans & forts ; au
lieu qu'à *San-Domingo* les coureurs
y chaſſent indiferemment à vaches
& veaux, ſans y regarder de trop
près.

On trouve ici une eſpéce de Mouche, ou de petits vers ailés & lui-
ſans, que les habitans appellent *Cu-
cuios*, ou *Cuyeros*. Ces Inſectes, qui
ſont de la groſſeur du bout du doit,
ont quatre ailes, & luiſent de tout le
corps pendant la nuit. Ils donnent
plus de luſtr en volant, & leurs ailes étant étenduës, que quand ils
ſe tiennent ſans mouvement : car
alors ils n'éclairent que de leurs deux
yeux qui ſont extremement lumi-
neux. On peut même lire & écrire à
cette lumiére vivante, & les *Caribes*
s'en attachent quelquefois au bras
&

& aux jambes, pour aller de nuit
à la chasse. Il y a entre l'*Espagnole*
& *Saint Jean* de *Porto-Rico* la petite Ile de *Mona*, dont l'étenduë est
de trois lieuës, le Terroir plat, les
eaux bonnes, & où le Poisson &
les bonnes Ecrevisses abondent.

Saint Jean de *Porto Rico* est une
des meilleures Iles. Elle a *Sainte*
Croix à l'Est, & *San Domingo* à
l'Ouest & au Nord. Elle s'étend plus
en long qu'en large, aïant cinquante lieuës de l'Est à l'Ouest & dix-
huit du Nord au Sud. On la divi-
se en deux quartiers, celui du Nord
& celui du Sud. Le millieu de l'Ile
est à dix-huit Degrés de Latitude,
& il n'y manque ni havres, ni bois.
Les habitans ont eu autrefois des
guerres rudes & continuelles avec
les *Canibales*. Le Nord est riche en
or, & le Sud abonde en grains,
fruits, paturages & poissons.

Les *Canibales* de cette Ile étoient
semblables à ceux des autres Antilles, mais ils avoient plus de courage;
aussi nous ont-ils fait meilleure guerre. On trouve à *Porto-Rico* une gomme que les *Caraïbes* appelloient *Taba-*
nuco, qui est calcineuse & qui, é-
tant

tant détrempée avec de l'huile, leur fervoit à calfeutrer leurs barques. Cette gomme garantit le bois des vers, par fon amertume. Il croit auffi à *Porto-Rico* quantité de *Bois de Guaïac*, qui eft un fouverain Antidote contre la Verole. Les Indiens m'ont dit quelquefois, que quand ce ne feroit que pour l'amour de ce Bois, on devroit être bien aife de la découverte de l'*Amerique*. En effet il eft très fûr que les débauches que l'on y fait avec les femmes en rendent l'ufage fouverainement neceffaire. Il y a même tel Couvent dans le *Nouveau Monde* qui feroit bien-tôt un defert, fi après Dieu les *Indes* n'avoient pourvû par d'excellens prefervatifs à la guerifon de ceux qui y habitent, dont le libertinage n'eft pas un fecret : puifqu'ils difent quelquefois eux-mêmes, qu'il faut aimer les Indienes chretiennement, & pour gagner des Ames à Dieu : abufant ainfi de la Religion, par un privilege qu'ils ne permettroient pas aux autres. Les *Indiens* m'ont demandé quelquefois, s'il croit en *Europe* des drogues contre la verolle: & comme je leur difois que beaucoup d'excellens

re-

remedes Anti-Veneriens viennent des
Indes Occidentales ; ils me repondoient
avec bon fens, quoique d'une air d'i-
ronie, *que Dieu avoit eu beaucoup*
de bonté pour les Caftillans , de leur
avoir donné leur Or , & leurs femmes,
& en même tems du *Guaiac.*

Cette Ile a été decouverte par
Chriftofle Colomb, à fa deuxiéme expédition aux *Indes Occidentales*. Les
Hiftoriens raccontent des habitans
de *Porto-Rico*, qu'à la premiere arrivée des Efpagnols ils les tenoient
pour immortels , & que pour le favoir par experience, *Vragon de Va-*
cara , un de leurs *Caciques*, fit plonger dans la Riviére un de fes prifonniers Efpagnols, & l'y tint quelque tems , pour voir s'il demeure-
roit en vie ou non : mais comme il
vint à mourir , le *Cacique* s'enhar-
dit à refifter à ces nouveaux hôtes ,
& en fit perir en une fois cent cinquante occupés à chercher de l'Or.
Car en ces premiers tems de nos de-
couvertes la foif de l'Or étoit d'autant plus extraordinaire , qu'aucune
abondance ne la pouvoit apaifer.

Sainte   L'Ile de *Sainte Croix* est voifine de
Croix.   *Saint Jean* de *Porto-Rico*. Elle étoit
ha-

habitée des *Caribes* avant qu'on les eut prefque tous exterminés , & ils la nommoient *Hay*, & la *Guardeloupe Quiera.* L'une & l'autre appartiennent aux *François.* De là on vient à plufieurs autres Iles, qui font comme un *Archipelage*, & qui ont pour la plus part des noms qui fe rapportent à leur forme, comme *Anguilla*, qui eft une Ile longue & étroite comme une Anguille , *Redonda*, qui eft fort ronde, *Monte-Serrate* ou *Montferrat*, qui eft entourée de hautes montagnes. D'autres portent des noms de Saints & de Saintes, comme *Saint Martin*, *Sainte Barbe*, *Saint Barthelemi*, *Saint Vincent*, & *Saint Chriftophle.* On fait beaucoup d'honneur à tous ces Saints, mais c'eft de nom feulement.

La *Guardeloupe* eft prés d'*Antigo.* C'eft une des plus grandes Iles *Caribes*, à 16 Degrés de hauteur. Elle peut-étre de cent trente lieües de tour, & elle eft divifée par deux Courans, comme l'*Angleterre* & l'*Ecoffe* : deforte qu'il femble qu'il y ait deux Iles. Elle a divers bons havres, des bourgs, des villages de vint, trente, quarante maifons, & de bonnes *plantations*

Guardeloupe.

La *Guardeloupe* a fept belles Rivieres.
Il s'y trouve entre autres oifeaux, des
perroquets fort beaux & fort dife-
rens des autres ; car leur plumage eſt
diverſifié agreablement, & leurs ailes
marquetées de rouge , de jaune &
de bleu. Il croit à la *Guardeloupe*
une gomme blanche, qui eſt un remede contre les Rhumatiſmes & les
humeurs froides : & l'arbre d'où elle découle produit un fruit aſſés
femblable aux dates : mais ce
n'eſt pas là le feul fruit de l'Ile, car
ils en ont quantité d'autres communs
par toutes les Indes , & que toutes les Relations ont aſſés décrit.
On aſſure que cette Ile a fouvent
pourvû de fes fruits les Iles voiſines,
tant l'abondance en eſt grande.
Les *Caribes* de cette Ile, tant hommes que femmes, paſſoient pour vaillans & pour habiles à tirer de l'arc
& fe fervoient de flêches empoiſonnées. Quand les hommes alloient
en courfe, les femmes tenoient leur
placé & fe defendoient fort coura-
geuſement au logis contre toute in-
fulte.

C'eſt là ce que j'ai eu occaſion
de remarquer plus particulierement
dans

dans les diferentes occafions qui m'ont conduit à ces Iles.

CHAPITRE SECOND

De la Floride.

EN 1669. J'allay à la *Floride* & j'y fejournay quelques mois. Pendant ce tems là je tachai d'aprendre le plus exactement qu'il me fut poffible, l'état de ce grand Païs, qui n'eft pas à beaucoup prés fi connu que le *Mexique* & le *Perou*, & dont l'intérieur, non plus que les parties de l'Oueft & du Nord, n'eft pas en notre pouvoir.

On fait affés que la *Floride* a été nommée ainfi, parce qu'elle fut dé-couverte le jour de *Paques Fleuries*, par *Jean Ponce* de *Leon* en l'année 1512. Les François s'y établirent auffi autrefois & y batirent alors *Charlefort*, la *Caroline* &c. La *Floride* s'étend bien avant en pointe ou langue de terre dans la Mer, & l'etendüe de cette pointe eft de cent lieües ; fa largeur de vint, trente,

tren-

trente cinq lieües & plus. Elle a
au coté de l'Eft la Mer du *Nord* &
les Iles de *Cichora*, *Bahama*, qui
donne le nom au Canal, *Lucaionec*,
Bimini, trés dangereufe & tres fameufe par fes fables , fes écueils &
les naufrages qui s'y font ; à l'Oc-
cident, du coté de la *Nouvelle Efpagne* & du Golfe de *Mexique*, elle a
le Païs d'*Anavaca*, au Nord & au *Nord*
Eft elle eft bornée par des terres
peu connuës & par la *Virginie*. L'Ile
de Cuba en eft éloignée de 25 lieües.
Toute la Mer depuis *Jucatan* s'appelle *Golfe de Mexique*, & plus prés
de la *Floride*, Mer de la *Floride*. Celle
qu'il y a depuis le millieu de *Cuba*
jufqu'aux pointes exterieures de la
Floride devers *Saint Auguftin* & de
là aux Iles *Lucaies* s'appelle le *Canal
de Bahama*.

La Floride eft arrofée de plufieurs Rivieres qui la rendent fertile
& agreable : mais du coté de la
Mer le Païs y eft fabloneux. On y
voit quantité de pins, de chefnes, de
cerifiers fauvages, de grofeillers, de
chataigners, de lauriers, de cedres,
de cyprés, de Maftix & de vignes
fauvages &c.

Il

Il y a toutes fortes de bêtes à quatre pieds, fauvages & autres en quantité; comme des cerfs, des daims, des chevreuils, des ours, des leopars, des lions, des loups de plufieurs fortes, des chiens fauvages, & des lievres. A l'égard des oifeaux, on y voit des pans, des perdrix, diverfes efpeces de perroquets, des pigeons, des tourterelles, des corneilles, des faucons, des merles, des gerfauts, des grues, des cigognes, des vautours, des herons, & diverfes efpeces d'Oifeaux de Riviere. Il y a des *Alligadors* ou Crocodiles, & plufieurs fortes de ferpens. Il y a enfin quelque chofe de meilleur que tout cela; c'eft de l'or & de l'argent, fur tout vers les *Apalaches:* mais les Indiens évitent de découvrir les thréfors que renferment ces Montagnes. La Racine China fort en ufage dans la Medecine, & le *Saffafras* ou *Bois de Canelle* y croiffent en abondance; outre plufieurs autres plantes, femences & herbes utiles, dont il y en a que les *Floridiens* mettent en ufage pour la teinture de leurs habillemens & de leur corps, qu'ils fe peignent de diverfes couleurs.

B 3 Mais

Mais il faut entrer plus particulierement dans le détail à l'égard de ces
Peuples, dont je ne dirai presque autre
chose que ce que j'ai vû. Ils sont
de couleur jaune & olivâtre, fort
vigoureux & aiant les membres
bien proportionnés. Ils sont ordinairement nuds, excepté qu'ils portent une peau de cerf qui tombant à
moitié cuisse couvre leurs parties
naturelles. Ils se peignent le corps
de plusieurs couleurs qu'ils font penetrer de telle sorte dans la peau,
qu'avec le tems on ne peut plus les
effacer. Ils ont la chevelure noire
& longue qui leur tombe sur les
epaules, mais qu'ils savent tresser
proprement pour la noüer autour de
la tête, quand il leur plait. Au reste ces Peuples sont fourbes, hardis,
dissimulés & trompeurs. Ils souffrent
impatiemment les Europeans, qu'ils
haissent à mort, & ils sont fort attachés
à leurs superstitions, de sorte que je
les tiens pour dificiles à convertir,
quoiqu'on en puisse dire en Espagne.
Je ne pense pas même que la prévention où ils sont contre nous, puisse
contribuer à faire jamais de bons Chretiens de ces Peuples.

Les

Les Floridiens Montagnars se coupent les cheveux du coté droit &
laissent croître les autres. Ils sont
tous si jaloux de leur chevelure, que
pour rien au monde ils ne voudroient
pas la perdre : c'est une honte de
l'avoir perdue, & de là vient peut
être que dans les combats contre l'ennemi, ils se piquent de lui enlever
la chevelure; ce qui est pour eux la plus
grande marque de bravoure. Les plus
civilisés de ces Peuples, s'habillent
aujourdhui honêtement, mais ils aiment les étofes bigarrées & ils ajuſ-
tent ensemble plusieurs pieces de
differentes couleurs. Cela leur paroit aussi magnifique qu'à nous tout
l'apareil des Modes nouvelles. Il n'y a
que l'opinion en toutes choses.

Ils ont pour armes l'arc & la flêche.
Ils font les cordes de leurs arcs de
boiaux de cerfs, & rien n'est mieux
peint que ces arcs. Ils se servent
au lieu de fer, de dens de poiſſons
ou de pointes de bois aigues. Ils
dreſſent leurs enfans à la courſe & à
tirer de l'arc dés la plus tendre
jeuneſſe. Pour eux ils s'occupent sans
ceſſe à la chaſſe & à la péche. Leurs
Rois ou leurs Chefs, qu'ils appellent

lent *Paraouflis* fe font entre eux des
guerres continuelles & ils n'épargnent pas les ennemis qu'ils ont vaincu; car aprés les avoir de la tête,
affommé, ils leur enlevent la peau &
la chevelure ce qui eft, ainfi que je
l'ai déja dit, la marque de leur vic-
toire & le trophée des guerriers.
Ils épargnent cependant affés fouvent les femmes & les enfans des
vaincus, les nourriffant & les éle-
vant à leur maniere. Revenus de
cette Guerre, ils affemblent le canton victorieux & font des feftins à
leur mode pendant trois jours & trois
nuits, qu'ils paffent à fe divertir à
boire, manger, danfer & chanter.
Aprés cela ils remettent ces chevelures à de vieilles femmes, qu'ils
honorent fort,& que je crois être u-
ne efpece de forcieres. Elles reçoivent ces chevelures en danfant &
en chantant des chanfons à l'honneur du Soleil, qu'ils regardent
comme l'Auteur de leurs victoires,
& de leur felicité.

Les *Floridiens* adorent le Soleil &
la Lune, comme font auffi quantité
d'autres Peuples fauvages des deux
Indes. Ils refpectent beaucoup leurs
Pref-

Prêtres & ils leur font fort foumis,
parce qu'ils les tiennent pour de grans
dévins, & pour des gens infpirés qui
connoiffent l'avenir. Ces mêmes
Prêtres, qui leur fervent de Medecins,
& de Chirurgiens , portent toujours avec eux un fac plein d'herbes
medecinales pour guerir ceux qui
font malades. On tient que ces
Peuples font fort fujets à la verolle, & il eft bien vrai qu'ils font extremement adonnés aux femmes,qu'ils appellent *Enfans du Soleil.* Chaque Floridien à fa femme, mais il eft permis au
Paraoufti d'en avoir trois ou quatre:
cependant la première époufée eft
toujours plus honorée que les autres,& fes enfans font heritiers &
fucceffeurs du *Paraoufti.* Les femmes ont foin du ménage & des enfans. On affure que les maris n'ont
point de commerce avec elles, du moment qu'elles font enceintes, jufqu'à
ce qu'elles foient accouchées. Le
fcrupule va même à ne point manger de ce qu'elles ont touché pendant le tems de leur groffeffe. Les
hommes font fort enclins à la fodo-
mie; mais les garçons qui s'abandonnent ainfi font exclus de la fo-

B 5   cie-

cieté des hommes , & envoiés à
celle des femmes, comme étant des
effeminés. Ils y font confondus parmi les *Hermaphrodites*, qu'on dit fe
trouver en quantité chez des *Floridiens*. Je crois que ces *Hermaphrodites* ne font autres que des garçons effeminés, qui en un fens font
de véritables *Hermaphrodites*. Quoiqu'il en foit , on les emploie tous
à divers ouvrages de femmes , à des
fonctions ferviles & à porter les munitions de bouche & les provifions de
guerre. Ils font auffi diftingués des
hommes & des femmes par la couleur
des plumes qu'ils fe mettent fur la
tête, & par le mépris qu'on fait d'eux.
  Ils font du pain avec des racines.
Ils ont de la farine de Maïz : mais
ils mangent quelquefois leur blé
roti , & quand ils veulent le garder
pour la provifion , ils le gardent
toujours roti. Ils le font auffi bouil-
lir pour en tirer la fubftance & ils
s'en fervent pour breuvage. En
quelques endroits ils fe nourriffent beaucoup de poiffon , bien que generalement ils vivent de chaffe ,
outre qu'ils ont auffi quantité de miel
&

& de bons fruits; fur tout vers les
Mons d'*Apalaché.*

Lors qu'ils vont à la guerre, leur
Chef ou *Paraoufti* marche à la tefte
des Guerriers, tenant d'une main le
dard & de l'autre l'arc, le carquois
fur l'épaule & un javelot dans les
treffes des cheveux, avec une couronne de grandes plumes de plufieurs couleurs, dont ils trempent
le bout dans du miel ou dans quelqu'autre compofition, pour les
faire mieux tenir. Après cela les
Guerriers fuivent, portant leurs fléches dans les cheveux, ou le carquois fur l'épaule. On dit qu'à l'a-
proche de leurs ennemis ils jettent
des cris efroiables : cependant ils
n'entreprennent rien fans un Con-
feil genéral, qui s'affemble tous les
matins. L'affemblée fe tient en forme
de Croiffant autour du *Paraoufti,*
qui eft au milieu fur une efpece de
fiege plus elevé que les autres, &
fait de plufieurs pieces de bois
arrondies. Tous les Guerriers &
les Confeillers, qui font les anciens
du canton viennent avec beaucoup
de refpect faluer leur Chef, à commencer par le plus ancien des Vieillars

lars, qui éleve ses mains sûr sa tête
avec de grans cris. Le reste des
affiftans fait la même ceremonie, en re-
pondant sur le même ton. Enfuite
chacun prend sa place, & lors qu'il
y a quelque afaire d'importance, le
Roi ou le *Paraousti* fait appeller les
Jaoünas, (ce font leurs Prêtres,) &
les Anciens, afin que chacun dise
son avis. Les *Jaoünas* ont grande
influence sur ces déliberations, &
sur l'efprit des Guerriers. Le refultat
de ces avis vaut la Décifion d'un
Concile. Après ces Déliberations,
les vieilles femmes apportent un breuvage fort, qui eft le jus qu'elles ont
épreint, & fait infuser de quelques
herbes. Ce breuvage a cela de dégoutant qu'il eft fait par de vieilles craffeu-
fes, qui ont l'air de forcieres ou de
Demons incarnés : mais pour eux ils
n'y trouvent rien de defagreable, &
pour dire la verité, lors qu'il a infufé
& bouilli, il eft clair & n'eft defagreable ni au gout, ni à la vüe. J'en ai gouté
au Fort *Auguftin* & je n'eus aucune repugnance à en boire, avant
que de favoir comment il étoit
compofé. Une efpece d'Echanfon
le prefente au *Paraousti* en elevant
les

les mains fur fa tête, & celui-ci boit le
premier dans la coupe, après quoi
la Troupe Guerriere & les Vieillars
boivent à leur tour.

Ce breuvage eft fort eftimé chez
les *Floridiens*, & il n'y a que les
Guerriers & ceux qui ont fait des
exploits de guerre, qui foient jugés
dignes d'en boire. Il fait fuer ceux
qui en ont bu & il anime extremement; car, comme je l'ai dit, ce
breuvage eft fort. On en fait boire
une certaine quantité à ceux qui
font deftinés à etre Guerriers : mais
fi leur temperament ne refifte pas à
la force de cette liqueur, on les juge
inhabiles aux grans exploits milita-
res, & on ne fe fie point à eux pour
les afaires d'importance; car ces
fauvages jugent de la capacité de
l'efprit, par la force de la conftitu-
tion du corps. Ils difent que cette
boiffon leur eft fort utile à la guerre,
où il faut jeuner quelquefois deux
ou trois jours : & alors ce breuvage
corroboratif ne leur vient pas mal.
Auffi les Hermaphrodites, dont j'ai
parlé, fuivent ils les Guerriers,
munis d'une bonne provifion de cette liqueur.

B 7   Ils

Ils fement le *Maïs* deux fois l'année, aux mois de Mars & de Juillet;
de forté qu'ils font recolte au bout
de trois mois , & la terre fe repofe
les autres cinq, c'eft à dire depuis
Octobre à Fevrier inclufivement.
Pendant ce tems là ils ne fument
point la terre, mais ils y brulent les
herbes , & les cendres fervent à
l'engraiffer ; comme cela fe pratique
auffi en plufieurs terres d'*Italie*. Ils
labourent, ou plutôt ils fouïffent &
remuent la terre avec de certaines
pieces de bois pointues, & jettent
tout à la fois dans les ouvertures
qu'ils font en bêchant ainfi deux
ou trois grains de *Maïs*. Au tems
des femailles, les chefs ordonnent
aux Vieillars d'affembler les peuples
pour labourer ou fouïr. On prepare
alors de quoi boire , pour s'animer
& fe rejouir dans cette ceremonie;
ce qui fe pratique auffi au tems des
moiffons. Les *Paraouftis* font parta-
ger à chacun felon fon rang une
portion de *Maïs*. Ils ne fement que
pour leurs provifions de quatre ou
cinq mois, fans fonger plus loin, & ils
fe moquent de nos foucis pour l'avenir , & de l'ardeur avec laquelle
nous

nous amaſſons des richeſſes. Plus
avant dans le Païs & vers le Nord-
Oueſt ils ſe retirent dans les bois,
où ils demeurent trois ou quatre
mois d'hyver en des cabanes couvertes de feuilles & de branches
d'arbre, & y vivent de racines, de
Cerf, de poiſſon, d'huîtres, d'oiſeaux & autre gibier. Ils mangent
auſſi de la chair d'*Alligadors*, (c'eſt
une eſpece de Crocodiles.)

Ils ne ſe font pas ouvrir la veine,
lorſqu'ils ſont malades, ainſi que
cela ſe pratique par deçà : mais ils
appellent leurs *Jaoüinas*, qui ſont
Prêtres & Medecins. Ceux-ci ſuçent
l'endroit du corps qui fait le plus de
mal aux malades, & cela de la bouche, quelque fois auſſi avec une
eſpece de chalumeau, après avoir
fait une petite inciſion près de quelque veine. Ils font auſſi des inci-
ſions aux parties affligées de ceux
qui ſe mettent entre leurs mains.
Avant la Ceremonie, le *Jaoüina* pro-
nonce quelques parolles, de même
qu'après l'operation. Que le malade
meure ou gueriſſe, le *Jaoüina* ne
perd rien de la gravité, qui fait une
partie de ſon art, ni les Sauvages de
l'eſtime

l'eftime & de la confiance qu'ils ont
pour ces gens.

Les *Jaoünas* favent auffi provo-
quer le vomiffement à leurs malades
avec une poudre qu'ils font de coquillages calcinés. Il faut être *Floridien*
ou Diable, pour refifter à la violence
de ce vomitif, car je doute qu'il fe pût
trouver de remede plus eficace pour
envoier un *European* à l'autre monde. Ils baignent auffi leurs malades,
& quand il n'y a plus de rémede,
ni d'efperance, ils les expofent au
Soleil levant à la porte de leurs cabanes, priant & conjurant le Soleil
de les guerir. Dans toutes les maladies l'ordre des remedes eft toujours
le même. Ils commencent d'abord
par fucer & faire des incifions, ils con-
tinuent par le vomitif, par le bain &c.
jufqu'à ce que la guerifon ou la mort
s'enfuive. En tout cela ils confervent bien leur prefomption, qui
demeure cachée à ces pauvres Peuples fous une modeftie afectée &
dans une abftinence aparente. Il eft
bien vrai pourtant qu'ils font un
rude & long aprentiffage fous les
vieux *Jaoünas*, qui font les chefs de
la fecte: ce qui contribuë fans doute
à la

à la confiance que les *Floridiens* ont
pour ces Prêtres Medecins. Ces
Jaoünas font vêtus de longues robes
faites de diverfes peaux coupées en
bandes inégales. Ces robes font attachées avec des ceintures de peau
de cerf, auxquelles ils attachent
leurs fachets pleins d'herbes. Sur la
robe ils portent en guife de manteau la peau de quelque bête fauvage. Ils vont les pieds & les bras nuds,
& portent fur la tête un bonnet de
peau qui finit en pointe.

Les femmes font grandes, fortes
& de couleur olivâtre, comme les
hommes. Elles ont auffi les bras,
les jambes & le corps peints de plufieurs couleurs, qui ne fauroient
s'efacer, parce qu'elles font imbibées
dans les chairs, par le moien des
piquures, fi bien qu'elles y reftent
toujours. Cette couleur olivâtre
des uns & des autres ne vient
pas tant de l'ardeur du Soleil,
que de certaines huiles, dont, pour
ainfi dire, ils fe verniffent la peau.
Elles vont nues, excepté quelques
parties du corps qu'elles couvrent.
Ces femmes *Floridienes* font fort agiles & paffent fort bien à la nage les
gran-

grandes Rivieres , même en tenant
leurs enfans d'un bras. Elles favent
grimper avec une pareille agilité fur
les plus hauts arbres du Païs.

Les Provinces que les Efpagnols
ont découvertes en la *Floride* font
celles-cy : *Panuco,* qui eft la plus voifine de la *Nouvelle Efpagne. François
de Garay* la découvrit en 1518. & y
laiffa plufieurs de fes gens , que les
Sauvages maffacrerent, écorcherent
& mangerent , après avoir féché
leurs peaux , qu'ils pendirent pour
trophée au Soleil. Ceux ci fe percent le né & les oreilles , pour y
mettre des plaques & des anneaux.
On dit qu'ils fe marient tard, &
cependant on affure que les filles de
dix à doufe ans ont déja perdu leur
pucelage à cet age. Cette partie de
la *Floride* , qui avoifine la *Nouvelle
Efpagne*, eft bonne & fertille. Elle
s'étend jufqu'à Rio *Panuco* , Riviere
qui a de bons havres pour les vaiffeaux. Nos gens ont auffi découvert
les *Apalaches* & *Jaquaza*, qui eft proprement la *Floride :* mais en general le
Païs eft encore aux Naturels , excepté du coté de la *Caroline* , vers
les forterefles de *Saint Matthieu* & de
Saint

Saint Auguſtin, deux Places aſſés dégarnies, qui aſſûrent en quelque façon nos établiſſemens ſur les Côtes, vers la Mer du *Nord*, dans la preſqu'Ile de la Floride ou de *Tegeſte*.

Les Mers qui environnent la *Floride* ſont remplies d'Iles, de bancs, d'écueils & de bas fons dangereux. Pour ce qui eſt des Ilets, on en compte bien quatre cent, ſans parler des Iles *Lucaies* & de quelques autres, qu'on trouve au Nord de *Cuba* & de *San-Domingo*, & au débouquement du Canal de *Bahama*.

Les Iles *Lucaies* ſont preſentement en aſſés mauvais état & preſque deſertes; parce qu'on en a fait perir autrefois les habitans & qu'on a tranſporté en divers tems la plus grande partie de ces malheureux Sauvages, pour les emploier à chercher l'Or & l'argent dans les Mines, où ils ont peri miſerablement. Cependant, pour dire un mot de ces Inſulaires, ils ſont plus blancs & mieux proportionnés que ceux de *Cuba* & d'*Hiſpaniola*, ſur tout les femmes. Les hommes y vont nuds, excepté
qu'en

qu'en tems de guerre & de rejouif-
fance , ils portent un habillement de
coton & de plumes de diverfes couleurs. Ils portent auffi de ces plumes fur la tête, comme nous l'avons
dit des Indiens de la *Floride*.
Les femmes mariées portent une
efpece de tablier de coton , qui les
couvre par devant & par derriere,
depuis la ceinture jufqu'aux ge-
noux : mais les filles vont nues,
avant que d'être nubiles. Quand elles
ont atteint l'age de l'être , on invite
les amis & l'on fe rejouït comme il
faut. En même tems les filles prennent le tablier, qui marque qu'elles
peuvent & doivent devenir femmes,
& qu'il eft tems de les marier.

Tous ces Peuples font tres foumis
à leurs Capitaines ou *Caciques*, &
executent ponctuellement ce que
ceux ci leur commandent , fans demander la raifon de ce commande-
ment & fans fe foucier d'aucun
peril. Les *Floridiens* ne fement , ne
plantent & ne prennent rien ni à la
chaffe , ni à la pêche , qui ne foit à
la difpofition de leurs Chefs, qui
diftribuent , & donnent comme il
leur plait, & felon qu'ils le jugent à
pro-

propos. Ils font porter les provenus
de leurs terres dans un feul endroit,
la diftribution fe fait.   A dire la
rité, ils me paroiffent affés heureux,
car ils vivent tranquillement, fans foucis & fans convoitife, (au moins en
aparence,) mêlans les jeux aux tra-
vaux & toujours appliqués à la guerre, à la chaffe, ou à la pêche. Ils n'ont
ni querelles, ni procés, ni Procureurs,
ni Advocats, & s'il y a quelque
chofe où ils ne puiffent s'accorder,
on a recours à l'arbitrage & au juge-
ment des Capitaines, dont la deci-
fion fert de Loi, fans appel & fans
mécontentement des parties.

On trouve fur les Côtes de la
Floride & prés des *Lucaïes* certains
coquillages d'où les Naturels du Païs
tirent de petites pierres rouges,
qu'ils pendent à leurs oreilles. Ils
en ont d'autres encore, qu'ils tirent
de la tête d'une efpece d'efcarguot
qu'ils appellent Cohobo, dont la
chair eft de fort bon goût. La couleur de ces pierres aproche de celle
des rubis. On trouve encore dans
les fables du rivage diverfes petites
pierres tranfparentes, noires, jaunes
& de plufieurs autres couleurs,
                              dont

dont ils font des carquans & des
bracelets.

Outre le maïz , les *yucas* & autres
racines , le poiſſon & le gibier , ils ont
encore pluſieurs bons fruits pour ſe
nourrir : mais la plus grande partie
des habitans des *Lucaies*, que nos
gens tranſporterent aux Iles de *Cuba*,
de *San-Domingo* & ailleurs , y mouru-
rent en mangeant de la chair. En
quelques unes de ces Iles &
à la *Floride* , il y a ſi grande quantité de pigeons ſauvages , de perroquets , & autres oiſeaux qui
font leurs nids ſur les arbres , que
l'on en emporte ſouvent des ba-
teaux pleins d'œufs & d'oiſeaux.
Les arbres où ces oiſeaux ſe nichent
ordinairement ſont fort touffûs &
ſemblables aux grenadiers ; l'écorce
tient beaucoup du goût de la canelle , de même que l'odeur ,
qui a pourtant auſſi du rapport aux
cloux de gerofle. Elle eſt chaude
& amere comme le gingembre. Le
bois de cet arbre connu en Europe
ſous le nom de *Saſſafras* , & que les
Indiens appellent *Pabamwe*, eſt jauna-
tre & acre , de même que l'ecorce
dont je viens de parler , qui a plus
de

de vertu que le bois. Il y a encore
en ces Païs-là un fruit qu'ils appellent *Jaruma* , qui eſt de tres bon
gout & ſain. Il a un pan & demi
de longueur, & il eſt mol comme nos
figues. Auſſi l'arbre a t'il quelque
rapport avec le figuier , mais il eſt
de la groſſeur d'un peuplier. Les
feuilles de cet arbre ſont propres à
guerir des bleſſures. On trouve auſſi
là le *Copal* , le *Cacaotier* , &c.

Voici le giſement des Côtes de la
Floride & les diſtances , depuis les
Parties ſeptentrionales.

Le *Capo Sant Helena* git à 32.
Degrés. C'eſt là qu'il y a une aſſés
belle & aſſés grande Riviere qui a
en pluſieurs endroits dix braſſes de
profondeur. On y voit aux environs des bois de chenes & de cedres abondans en cerfs & autres
bêtes ſauvages. L'embouchure de
cette Riviere a trois lieuës de largeur , & deux pointes dont l'une
s'étend à l'Oueſt & l'autre au Nord.
(*C'eſt ſur cette Riviere, que les François batirent leur fort nommé par eux
Charlesfort.*) Cette Riviere aboutit
à une autre & va dans la mer. Entre les deux pointes ſuſdites & au
de-

devant de l'embouchure gît une Ile
aſſés agreable & remplie d'arbres.

De *Sainte Helene* à *Rio Secco* on
conte quarante lieuës d'Eſpagne.
Rio Secco a 31. Degrés de hauteur.

De *Rio Secco* à *Santa Cruz* il y a
vint lieuës, & de là à la pointe de
Cannaveral, à 28. Degrés, il y a autour de quarante lieuës.

De *Sainte Helene* faiſant route au
Sud le long de la Côte juſqu'à *Rio
Grande*, ou de *S. Pierre*, il y a cinq ou
ſix lieuës.

De là à *Guade* & plus loin à la
Riviere de San *Matteo* il y a...lieuës,
ou à peu pres. De là à *Rio Agoſtino*
à peu prés autant.

Laiſſant *Rio Agoſtino*, ou la Riviere de *Saint Auguſtin* & tournant
encore au Sud, le long de la Côte,
on paſſe la petite Riviere de *Serra-
vahi*, puis on vient à *Matanca*.
(*c'eſt la Riviere de May, que l'Auteur
nomme Matanca*,) On voit autour
de cette Riviere beaucoup de meu-
riers rouges & blancs, où ſe tiennent
quantité de vers à ſoie.

De cette Riviere on vient à un
Golfe qui s'étend un peu dans le
Païs.

Païs. (*C'est là qu'arriva pour la premiere fois Laudonier venant de France : aiant vû plusieurs Dauphins près de l'embouchure d'une Riviere, il la nomma la Riviere des Dauphins.*)

Au côté Méridional de ce Golfe git *Cabo Francés*, à 30. Degrés de hauteur, ainsi nommé des François. C'est une pointe basse, mais qui est bordée d'arbres grans & hauts.

Du *Cap François* on vient à *Canaveral*, autre Cap à trente-cinq lieües de là, & qui est ainsi nommé parce qu'il y a quantité de cannes & de roseaux.

De *Canaveral* au *Cap de la Floride* il y a quarante lieües. Le Cap susdit est à 25. Degrés de hauteur. On trouve au devant plusieurs écueils que l'on appelle *les Martyrs*, & de petites Iles que l'on a nommées *Tortues* à cause de leur figure. Le *Cap de la Floride* est de vint lieües de large. De là à *Ancon baxo* il y en a cent. Cet endroit-ci git à cinquante lieües de *Rio Seco* Est & Ouest, qui est la largeur de la *Floride*.

D'*Ancon-baxo* à *Rio de Nieves* il y a aussi cent lieües.

Tom. I. C *De*

De là à *Rio de Flores* vint & quatre.

De *Rio de Flores* à *Bahia de Spirito Santo* soissante & quinse. Cette Riviere que l'on appelle aussi la *Culana* a trente lieuës de large.

De *Bahia de Spirito S.* (qui git à 29. Degrés,) à *Rio de Pescadores* il y a soissante & dix lieuës.

De *Rio de Pescadores*, qui git à 28 ½ Degrés, jusqu'à *Rio de las Palmas*, cent lieuës & plus.

De *Rio de Palmas* à *Rio Panuco*, trente lieuës, & de là à *Vera-Cruz*, soissante & douse lieuës. *Almeria de Vera Cruz* est à 19. Degrés de hauteur. Il y a trente lieuës jusqu'à *Rio d'Alvarada*, que les Indiens nomment *Papa Boapon*.

La *Vera-Cruz* est batie dans des sables, sous le fort de S. Jean d'Ullua. Elle a des marais au Sud ; desorte que l'air y est fort mauvais & dangereux pour les nouveaux venus d'*Espagne* ; avec cela les chaleurs y sont si extraordinaires, que si l'on n'a soin de s'y ménager, on tombe infailliblement dans des maladies mortelles. On compte que cette Ville a environ quatre mille habitans, dont

il

il y en a de fort riches, par le moïen
du grand commerce qu'ils font dans
la terre ferme des environs & dans
les Iles voisines. Cependant les maisons de la *Vera-Cruz* ne sont que de
bois. Cette Ville est exposée aux
infultes des avanturiers, & des ennemis en tems de guerre. Le havre y
est fort difficile d'entrée. Il n'y a de
garnison pour la defense de la Ville,
qu'une douzaine de soldats dans
une forterese asses mauvaise, & qui
n'a d'autre merite que d'être sur un
Rocher. Enfin je ne saurois gueres
dire autre chose de cette Ville , sinon
que l'air y est dangereux , & le havre fort mauvais. L'ancienne *Vera-*
Cruz est tout à fait au bord de la
mer & n'est habitée que des Indiens.
Il y a cinq ou six lieuës de la Vieille
à la Nouvelle.

De *Rio d'Alvarado* à *Rio Cazocalcé*
on compte cinquante bonnes lieuës.
De là à *Grithlva* on en compte quarante plus ou moins : après quoi de
Cabo redondo au *Cap de Cotoche* ou de
Jucatan on en met quatre-vint dix.
C'est à dire jusqu'à 21. Degrés de hauteur. Ainsi il y a neuf cent lieuës d'é-
tendue des Côtes Septentrionales de

la

la *Floride* jusqu'à *Jucatan*. Cette point-
te de *Jucatan* s'étend vers la terre au
Nord, & plus elle s'avance en mer,
plus elle va en tournant & en s'élar-
gissant. Elle gît à soissante lieües de
l'Ile *Cuba*, qui, pour ainsi dire, ferme la porte de la Mer qui est entre
la *Floride* & le *Jucatan*. Cette Mer
s'appelle d'un coté *Golfe de Mexique*,
& vers la *Floride*, Mer ou Golfe de
la *Floride*. Les Courans sont fort
rapides dans ce Golfe entre *Jucatan*
& *Cuba*, jusqu'à leur issue entre la
Floride & *Cuba*.

CHAPITRE TROISIEME.

Du *Mexique* que l'on appelle *Nouvelle Espagne*.

JE viens maintenant à la *Nouvelle Espagne*, que l'on peut dire la
partie la plus florissante de l'*Amerique*, & celle qui, à mon avis, est la
plus utile au Roi d'Espagne, à cause
de sa situation. J'y ai sejourné &
vojagé pendant quelques années
avec beaucoup d'agrement ; (sur
tout en 1674,) parce qu'outre la
jeunes-

jeuneffe que j'avois encore, je me trouvois alors de l'argent, beaucoup de refpect & beaucoup de veneration here-
ditaire pour nos Sains Peres Spirituels.

Il faut ces trois chofes à *Mexico*,
fi l'on veut y vivre avec plaifir &
fans inquietude. La magnificence &
le luxe de cette fameufe ville demandent que ceux qui y font dépenfent &
faffent figure: fur tout, s'ils veulent
voir les femmes, qui font auffi vo-
luptueufes, & auffi amoureufes au
Mexique, malgré la garde des maris,
qu'en aucun endroit d'*Efpagne*: quoique cependant les maris de *Mexico* ne
foient pas tout à fait fi jaloux que
ceux de Madrit. Le refpect & la veneration pour les Religieux & pour les
autres Ecclefiaftiques y font auffi abfolument neceffaires; fans quoi il eft
impoffible que la plus chetive *Peccadil-
le* ne devienne un peché fi mortel, que
le feu fera feul capable de l'effacer.
Pour juftifier ce que je dis, il faut
favoir que les Ecclefiaftiques & les
Moines font tout puiffans aux *Indes* Occidentales, & qu'ils dirigent
toutes les afaires temporelles; deforte que la plus grande herefie &
la plus digne du feu, c'eft de con-

C 3   tre-

tredire leurs volontés & de s'op-
poſer à leurs ſentimens & à leurs
paſſions. Ce qui regarde les débauches n'eſt qu'une bagatelle. Il eſt
facile d'en avoir l'abſolution, moyenant une petite cenſure, *pro forma* &
quelques offrandes. Il en eſt de même pour avoir fait mourir ſon eſcla-
ve ſous le bâton, ou pour avoir
tué quelque Indien : car ce ſont
là des choſes comptées pour rien.
La fornication eſt encore une faute fort legere, à cauſe de la ſanté, qui la demande. Avoir commis avec des hommes le péché
contre nature eſt un cas plus grave
& que le deſir de ſe conſerver la
ſanté n'excuſe pas : *parce que les*
Mexicaines ſont faciles & pitoiables,
vous dira t'on. *Moyenant qu'on ſe*
conduiſe en cette occaſion avec une
ſainte moderation & l'intention de vi-
vre dans la chaſteté, la neceſſité ôte
abſolument la malice du péché. Cependant on ne laiſſe pas de dire tout
bas dans *Mexico*, que les jeunes
freres font un double Noviciat.
A l'égard de la fornication avec les
Femmes ſoit Indiennes, Criolles, ou
Mexicaines, c'eſt une choſe publique

que & qui ne foufre presque pas
de difficulté ; à cause, comme je
l'ai déja dit, de la fante & du climat,
qui porte fi fort à l'Amour, que les
Religieux creveroient de trop de
fanté fans le commerce des femmes.

La *Nouvelle Efpagne* commence au
Nord affés prés de *Rio Panuco*, fur les
frontieres de la *Floride*, & s'étend au
Sud à la Province de *Darien*, par
où elle eft feparée du *Perou*. Elle a à
l'Eft la mer du Nord & à l'Oueft la
mer *du Sud* ou *pacifique*. Les Indiens
appellent leur Païs *cicumacan*, *cul-
bacan* ou *culjâcan*. Ils font venus
des environs de *Xalifco*. Ils s'habi-
tuerent d'abord à l'endroit où eft
prefentement *Mexico*, d'où ils s'é-
tendirent plus loin.

La *Nouvelle Efpagne* eft donc de fort
grande étendüe & renferme plufieurs
peuples compris fous les Audiences
de *Mexico*, *Guadalajara*, *Guatimala* &c. qui fe fubdivifent en plufieurs Provinces. Ces Provinces
font entr'autres *Mexico*, qui eft la
premiere, que les Indiens appelloient
Themiftitan, *Yucatan*, *Guatimala*,

les

les *Honduras*, *Nicaragua*, &c. Car
je ne nomme que celles dont je parle ici.

Celle de *Mexico* que *Fernand Cor-
tez* conquit en 1518. eft fort riche
en or, en argent, & par le commerce. On trouve dans les Mers voifines beaucoup d'huitres à perles, &
l'on y a plufieurs lacs & des eftangs,
où le fel fe forme par l'ardeur du
foleil. Je ne dis rien de tant de drogues, de plantes & de fruits, que le
terroir y produit en abondance. Tels
font l'Indigo, la Cochenille, le
bois appellé communement boïs de
Campêche, le fucre, le tabac, la
caffia lignea, les plantains, le *Cacao*,
qui y croit en abondance & fert de
bafe au Chocolath. Toutes cesPlantes
& drogues font fi connues enEurope,
& les Voiageurs en ont fi fouvent
parlé, qu'il feroit inutile d'en donner
ici la defcription. Le Chocolath eft
d'un fort grand ufage chez les Efpagnols & chez les Criolles de *Mexique*; de forte qu'ils fe pafferoient
auffi-toft de la *Mante*, de la *Golille*
& des *Amancebadas*, que de cette
drogue chaude & nourriffante.

Il faut pourtant avouer, que ce
qui

qui peut contribuer à cet ufage frequent & reïteré à toute heure du
Chocolath vient des qualités de l'air
du *Mexique*, qui ne permet pas une
fort longue diette, & qui, à ce qu'il
m'a femblé, ufe & affoiblit l'eftomac.
Ainfi il ne faut pas peut-être
condamner fi legerement les ufages
des Peuples chez qui l'on fe trouve
nouveau venu.

La Mer & les rivieres abondent en
poiffon & l'on y trouve auffi des crocodiles, dont les Indiens mangent la
chair. Il y en a de très grans.

La ville de *Mexico* ou *Mexique*, donne fon nom à toute la *Nouvelle Efpagne*,
bien que l'Audience de *Mexique* n'en
foit, comme je viens de le dire,
qu'une partie. C'eft une Ville ve-
ritablement Roiale, & la Reine de
toutes les Villes du *Nouveau Monde*.
Elle eft fituée prés d'une chaine de
montagnes, en partie au bord d'un
lac & en partie dans les eaux de
ce lac, où elle a fes marchés &
fes places. Ses ruës, qui font grandes & belles fe croifent parfaitement,
& vont s'y communiquer par des
ponts. Il y a des Canaux faits avec
beaucoup d'art, & qui font d'une gran-

C 5 *de*

de utilité pour le commerce. Outre qu'ils servent à l'embellissement de la ville & qu'ils font écouler les eaux du lac, ils entretiennent la propreté, comme en divers lieux de l'Europe. S'ils ont couté des sommes immenses, à ce qu'on asseure ; le Roi en est dédommagé par l'usage qu'on en retire & par les profits qu'ils portent aux habitans & aux negocians : les uns & les autres se fournissant de toutes choses par le moien de ces Canaux.

On compte plus de cent mille ames dans cette ville, qui est sans contredit celle de toute l'*Amérique* où l'on peut faire le plus de dépense & le plus agreablement. Les habitans n'ignorent & ne negligent aucun des divertissemens, ni aucune des commodités qui puissent leur rendre la vie agreable. Aussi sont ils & plus fiers & plus superbes que je ne le saurois dire car pour peu qu'on soit à son aise, on y entretient carosses, chevaux & esclaves. Les Equipages des carosses & des chevaux, les meubles, les habits, la vaisselle, tout cela est d'une magnificence & d'un luxe extraortraordinaire ; bien qu'en ces derniers tems, il semble que le commerce & les avantages qu'il donne aient diminué confiderablement.

Mais entrons un peu plus dans le détail, & faifons mieux connoitre au lecteur, combien cette ville eft confiderable. On fait que le Viceroi de l'Amerique Septentrionale & toute fa Cour y refident, qu'elle eft le Siege de l'Archevêque, qu'il y a une Univerfité, qu'on y bat monoie, & que l'Inquifition y eft établie. Le Viceroi a des revenus & une Cour qui le rendent incomparablement plus confiderable, que ne le font plufieurs Princes en *Europe.* Il a une Autorité Roiale & il fe fait un droit étendu fur tout ce qui fe negocie, & fur toutes les denrées de cette belle partie du nouveau monde. Mais comme il ne peut exercer toute cette jurifdiction par foi même ; il l'exerce par une infinité d'Officiers fubordonnés les uns aux autres, grans pillars, qui tous enfemble entendent merveilleufement leurs interêts, & qui favent fi bien *ferrer la mule*, que les plus grands profits font ordinairement pour ces gens là, & les moindres pour le Roi: car on lui

don-

donne le moins qu'on peut. Pour faire voir que je n'avance point ceci en l'air, il faut savoir qu'il n'y a rien, sur quoi les Vicerois ne prennent leur droit, comme le Roi. Ils prennent sur l'or, sur l'argent, sur le cuivre & enfin sur toutes les mines quelles que ce soient; sur les *Havacas,* ou thresors & mines que l'on vient à decouvrir; sur les heritages & les successions; sur les Manufactures, sur la Marine & sur tout ce qui se vend journellement. Ils prennent sur la sortie & sur l'entrée des Marchandises, sur celles qui sont de contrebande, sur les tributs qu'on fait paier aux Indiens, sur les confiscations & sur les prises. Que ces deniers entrent dans les Cofres du Roi ou dans ceux du Viceroi, il faut toujours un nombre confiderable de gens pour les lever. On ne doit donc pas être surpris que les Vicerois, qui donnent toutes ces charges, soient aussi puissans que je viens de l'insinuer. Mais comme ces Oficiers subalternes veulent s'enrichir à leur tour & quoi qu'il en coute, la misere des Indiens, suit necessairement de cette avidité, aussi bien que la haine de ces
gens

gens pour les Espagnols. Ainsi
la Vice-Roiauté de *Mexique* & celle du *Perou* sont des postes ad-
mirables pour s'enrichir en peu
de tems. Heureux les *Grans d'Espagne*, qui ont le bonheur d'y parve-
nir!

D'autre coté l'Archevêque ne fait
pas une figure moins considérable.
Ses revenus annuels montent à plus
de cinquante mille pieces de huit,
sans parler des autres menus profits. Il
a onse Evêques sufragans, un Doien
ou Vicaire de l'Archevêché, &
beaucoup de gens, qui peut être occupent inutilement diverses charges
dans l'Eglise.

L'Université & l'Inquisition y sont
établies pour l'instruction & pour le
salut des peuples: celle-ci est extrê-
mement severe & même Religieuse, à
ce qu'il semble. Mais je ne vou-
drois pas me rendre garand de tous
ses actes; & pour les lumieres de
l'Université, je ne suis pas assés habi-
le pour en juger. Je sais seulement
qu'il n'y a rien de plus ignorant en
general qu'un Prêtre, Moine, & Religieux Americain, excepté pourtant
tant les Jesuites, qui sont incompa-

C 7   ra-

rablement plus eclairés, & qui gardent auffi avec beaucoup de circon-
fpection la bienfeance que demande
la Religion. Je crois que la converfion de tant de miferables, qui
font hors de l'Eglife, leur eft refer-
vée ; car il prennent une peine incroïable à faire des converfions, &
ils ont, à ce qu'ils difent, le falut des
Indiens fi fort à cœur, qu'ils foufrent
fouvent des maux tres rudes parmi
les Sauvages, pour tacher de gagner
leurs ames. Du moins je fuis tê-
moin des fuites facheufes qu'à eu
leur zêlé, car j'en ai vû revenir de
leurs Miffions dans le plus pitoiable
état du monde. Enfinje les revere & les
honore, mais je fuis faché pour l'a-
mour de ces bonnes gens, qu'ils fe
mêlent de tant de chofes. Ils
font Miffionaires, Marchans, Cour-
tiers, entremetteurs & tout ce qu'il
vousplairá *in nomine Domini*. Ils fervent l'Autel & leur bourfe. Je
leur rendrai ce temoignage qu'ils
feroient au defespoir, fi la Religion-
ne s'intereffoit en tout ce qu'ils font.

Les Rues de *Mexico* font fi larges, que plufieurs Caroffes y peuvent paffer de front fans s'incom-
moder.

moder. On y voit quantité de
beaux bâtimens, des cloitres fort riches, & de tres belles Eglises,
dont la Cathedrale est la principale.
Les revenus de cette Eglise se
montent à plus de trois cent mille
piastres, ce qui sert à entretenir une
douzaine de Chanoines, cinq Prêtres,
six Diacres, six sousdiacres, un Sa-
cristain, plusieurs Aumoniers &
deux ou trois Maitres d'Ecole. Les
Foires & les Marchés sont remplis
de choses rares, de beaux Ouvrages en or, argent, & pierreries,
de tres riches étofes & enfin de tout
ce qu'il y a de plus estimé dans le
Vieux & dans le Nouveau Monde:
ce qui augmente beaucoup la vanité
& le faste des citoiens de *Mexico*,
& donne lieu aux dépenses excessi-
ves qu'ils font.

Les femmes y sont belles, agreables
& spirituelles; mais les maris y sont
en recompense d'un esprit mal fait,
entêtés de leur merite, vains, laches & parlant sans cesse de leurs richesses, de leurs plaisirs, & du
nombre de leurs esclaves. A les entendre, ils sont tous gentilhommes,
& ce qu'il y a de plaisant, plusieurs
de

de ces gentilshommes font fi pauvres , que n'aiant pas de quoi fe
nourrir, ils font reduits à vivre de
ce qu'ils gagnent à fervir les autres.
Ceux qui font *Criolles*, c'eft à dire,
nés en *Amerique*, haïffent beaucoup
les *Chapetons*, (comme on appelle les
nouveaux venus d'Efpagne.) qui
de leur coté regardent avec mépris
les *Crioles*, comme s'ils étoient d'un
autre fang. Tous ces gens là n'ont
d'autre fouci que celui de fe divertir à prendre du chocolath, & à
étaler leur magnificence : du refte ils
font fort pareffeux & fort faineans,
grans dormeurs & adonnés à toute
forte de luxure. Cependant ils
font fort religieux en aparence, pra-
tiquant exterieurement tout ce qui
eft ordonné par l'Eglife , baifant les
images , faluant les Saints ; mais fi
credules , qu'il n'y a point de fot
conte qu'ils ne prennent pour argent
comptant. Il ne fe paffe gueres de
jour , qu'ils ne parlent de quelque
fortilege, ou de quelque metamorphofe de forcier en chat ou en
quelque autre bête. Ce caractere
d'efprit eft fort avantageux au
Clergé qui en profite : car ces faux
Chre-

Chretiens, pour trouver un temperament entre la Religion & le Monde,
enrichiffent les Eglifes, & les Couvens, font bâtir des Chapelles
& des Autels. Il fufit que l'Eglife y
profite, bien que le Clergé foit con-
vaincu en fa confcience, que ce
n'eft pas ainfi qu'un pêcheur expie
fes crimes & les defordres de fa vie.
Les Mulatres & les Indiens naturels
n'y font Chretiens que de nom, & fe
moquent entr'eux de la Religion Chre-
tiene. Ils ont tous pour principe de
tromper les Efpagnols & les autres
Chretiens en toutes les occafions. Cependant les Indiens font extremement
foumis, & l'on remarque en eux un
fond de melancholie & de nonchalance, qui vient fans doute de la
dureté de leur efclavage : d'ailleurs
ils ne manquent pas de genie. Ils font
penetrans & fubtils. Je fuis perfuadé
que cette ftupidité qui paroit en eux
vient de leur mifere & non de leur temperament. Les moines difent que ce
font des bêtes incapables de gouter le Chriftianifme, ce qui les
fait mal traiter, & les attache à
leur Idolatrie.

A l'égard de l'air, il eft quelquefois

quefois mal sain à *Mexico*, à caufe des
vapeurs qui s'exhalent des eaux du
lac. Il fait fort chaud pendant le
jour, mais au matin & dans la nuit il
fait affés de fraicheur. Les pluies y durent cinq ou fix mois, depuis Septembre jufqu'au mois de Mars. La campagne produit trois moiffons, & tout
eft fi abondent, qu'on ne voit que
fleurs & fruits toute l'année. On y
a quantité de Bêtail & de Volaille.
Les Chevaux y font tres bons & valent bien ceux d'Efpagne.

Pour le Peuple naturel du Païs, il eft
vêtu de coton de diferentes couleurs;
les hommes portent ordinairement une
efpece de pourpoint, que quelques
uns ornent de plumes & de figures
d'Oifeaux, des culotes larges & un
manteau qui croife fous le bras, ou
s'atache fur la poitrine avec une a-
grafe d'or ou de pierreries, fi l'on en
a le moien. Ils portent des fandales au
lieu de fouliers, mais le petit peuple va
pieds nuds. Ils ont les cheveux longs
& mal en ordre. Les femmes portent
un corfet de coton & font couvertes
depuis le milieu du corps jufqu'aux
pieds; elles fe couvrent auffi la tête & le
fein d'une efpece de voile ou d'ha-
bille-

billement fait comme un fac, fur
tout quand elles vont à l'Eglife &
par les ruës; & cet habillement, qui
reffemble à un manteau, s'appelle
Mante ou *Mantille.* Les uns & les
autres ont fur la tête une calotte en-
duite d'argile, pour fe garantir de
l'ardeur du foleil & fe tenir la tête
fraiche. Les Meftices & les Mulatres
font habillées autrement que les Efpa-
gnoles & portent fur la tête & fur
les épaules une efpece de fac qui
reffemble à une jupe. En general
les Femmes de *Mexique* font vives,
agreables & amoureufes. Elles font
brunes, & ont les yeux noirs. Leur
vanité eft extraordinaire.

Elles font fi ravies de voir des
Chapetons dans les ruës de *Mexico*,
que fouvent elles les envoient prier de
les venir voir aux heures qu'elles
font affurées d'être delivrées de leurs
maris. Les Mexicaines ont auffi la
paffion du jeu. Enfin je ne penfe pas
qu'il y ait une Ville dans le monde,
où le libertinage & la Religion
foient mieux confondus enfemble.
On y entend fi bien la diffimulation
fur ces deux articles, que tel qui
paroit un parfait dévot eft un fcele-
rat

rat accompli. La feule marque de
Religion qu'ils puiffent produire
confifte en dons aux Eglifes & aux
Convens, en divers autres legs pieux;
& au refpect qu'ils témoignent exterieurement aux Ecclefiaftiques,
ainfi que je l'ai déja dit.

Les Marchandifes dont on trafique à *Mexico* c'eft l'or & l'argent,
dont il y a quantité de Mines dans
la *Nouvelle Efpagne*, entr'autres celles
de *Pachmas*, qui ne font pas éloignées de la Ville de *Mexico*; des
perles, du fer & autres métaux; du
Baume, de la Cochenille, du
Mechoachan, de la farfepareille, du
foufre, des cuirs, de l'Indigo, du
Saffafras, de la laine, du coton,
du fucre, de la foie, des plumes;
de l'Ambre gris, du Cacao, des Vanilles, de la caffe, quantité de fruits,
diverfes pierreries &c.

CHA-

CHAPITRE IV.

Suite de la Description de la *Nouvelle Espagne.*

LE Coté Occidental de l'Ile de *Cuba* a une pointe nommée la pointe de *Saint Antoine*, où il y a bonne aiguade & un lieu propre à radouber & calfeutrer les vaiſſeaux. Aprochant du Continent à 66. lieuës de cette pointe, on vient à celle de *Jucatan*, qui s'avance en mer, comme une preſqu'Ile. Voici, à ce qu'on dit, l'origine de ce Nom. *Tectetan* en langue Indiene ſignifie *je ne t'entens pas*, & c'eſt la reponſe qu'on donna aux Eſpagnols, lorſqu'ils abordèrent au havre de *Saint Antoine*, pour chercher de nouvelles terres : car ceux-ci ſe trouvant là firent ſigne aux habitans de leur dire le nom du Païs où ils ſe trouvoient ; à quoi les Indiens répondirent, *O tectetan*, ce qui veut dire, *Nous ne vous entendons pas.* Les Eſpagnols prirent cela pour le Nom de cette Côte, & depuis ils en ont fait

par

par corruption *Jucatan*, bien que la
pointe de cette Côte soit appellée
Eccampi par les Indiens. Cette pointe de *Jucatan* git à 21. Degrés de
hauteur. Elle est de grande étendue,
& plus elle avance en mer, plus elle
est large. Sa moindre largeur est de
85. à 90. de nos lieuës. Elle est é-
loignée de *Xicalanco* à peu près d'autant. Il y a des Cartes étrangeres qui
representent mal à propos cette
pointe de *Jucatan* plus étroite, mais
il est sûr qu'elle a de l'Est à l'Ouest
deux cent lieuës de longueur. Elle
fut decouverte en 1517. par *Herman-
dés de Cordoüa* , mais seulement en
partie. *Hernandés de Cordoüa* étant
parti de *San. Jago* de *Cuba* pour
chercher de nouvelles terres, ou
pour prendre des travailleurs pour
les Mines, & venant à l'Isle de *Gua-
naxos* ou *Caguanaxos* près du *Cap des
Honduras*, y trouva un peuple benin,
doux & simple, n'aiant point d'armes
& paroissant ennemi de la guerre.
Ces gens n'avoient d'autre occupation que la pêche. *Hernandés* poussa
plus loin & arriva à une pointe in-
connuë, où il trouva des chaudieres
à sel , & de petites tours de pierre .

avec

avec des degrés, des Chapelles couvertes de bois & de chaume, où il y
avoit des idoles de femmes. Les habitans de cette pointe étoient vêtus
richement & portoient des Manteli-
nes tres fines de coton blanc & de
coton de couleur, des joïaux d'or &
d'argent & des pendans de pierreries.
Les femmes y étoient couvertes depuis le milieu du corps jusqu'aux
talons, ainsi que sur la tête &
sur le sein, des mêmes étofes de
coton. De là nos gens passerent à
une autre pointe, qu'ils nommerent
pointe de *Cotoche*; parce qu'y ayant
rencontré quelques pêcheurs, qui
de crainte se mirent à crier, en
fuïant du coté de la terre, *Cotoche*,
Cotoche, c'est à dire, *à la maison, à
la maison*; ils crurent que les pêcheurs leur disoient le nom du Païs.
Depuis cela la pointe a retenu le
nom de *Cotoche*. Nos gens y trouverent au bord de la Mer une grande
& belle Ville, où ils furent parfaitement bien reçus des habitans. Ils y
virent de beaux édifices, avec de
hautes tours, des Temples assés magnifiques, des rues pavées & beaucoup de commerce. Les maisons y
étoient

étoient bâties de pierres & de chaux,
mais simplement couvertes de chaume. Les chambres étoient hautes de
dix à douse degrés.

Les Indiens de ces Païs là servent
leurs Idoles tant qu'ils peuvent, ils
leur sacrifioient autrefois des victimes humaines. Tous ceux qui sont
sous la domination Espagnole exer-
cent encore leur Idolatrie le plus se-
cretement qu'ils le puissent. Ils ont bien
pour la plus grande partie le nom de
Chrétiens & la reputation de l'être;
mais aussi tôt que les Ecclesiastiques
qu'on leur envoie sont éloignés, ils
se moquent du Baptesme & des in-
structions. La haine qu'ils ont pour
nous, à cause des injustices & des
cruautés qu'on a exercées contre
eux, contribue beaucoup à l'aversion
qu'ils ont pour notre Religion. Cependant la crainte d'être chatiés &
pris pour esclaves les rend exacts à
l'exterieur, & ils affectent de jeuner,
d'aller à la confession & de porter les
Amates, autant que le meilleur Chre-
tien d'Espagne; mais avec tout cela,
jusqu'à present les coups de bâton, que
les Moines leur donnent ou leur font
donner pour l'amour de Dieu, ont été
in-

incomparablement plus eficaces que les Sermons ni les Catechifmes. Cependant ils ne manquent ni de bon fens, ni de penetration. On affeure que les Idolatres de *Jucatan* & de *Cotoche* pratiquent la circoncifion, fans qu'on puiffe favoir d'où peut venir cette coutume. Ces Indiens m'ont toujours paru affés droits dans le Negoce. Ils ont quantité d'abeilles, de miel & de cire, dont ils ignoroient, dit on, l'ufage avant la venue des Efpagnols. Il ne femble pas que cette terre ait des mines d'or ou d'argent, & quoique le Païs foit rude & pierreux, il ne laiffe pas d'être fertile en maïz. On a fort detruit les habitans de ces Cantons. Le Païs eft prefque defert. Il s'en eft fauvé grand nombre dans les bois & dans les lieux non conquis, où ils fe font joints aux autres Indiens. Le refte vit dans l'efclavage & l'opreffion.

La Province de *Guatimala* eft gouvernée par un Prefident dont l'autorité égale celle des Vicerois. *Guatimala* eft la principale Ville de la Province qui porte ce nom. Cette ville fut autrefois (en 1541.) ruinée

en-

entierement par un ouragan des plus
violens, où fix vint mille Efpagnols
perirent. Le jour qui preceda ce malheur quelques Indiens s'en allerent à
l'Evêque, qui s'appelloit *Francifco
Maroquin*, & l'avertirent que l'on entendoit un horrible bruit fous la
Montagne au pied de laquelle la Ville
fe trouvoit batie. L'Evêque fe mo-
qua d'eux & les cenfura de ce qu'ils
s'amufoient à des vifions : mais fur
les deux heures après minuit, le fatal
Ouragan commença, & il fortit de
la Montagne comme un torrent d'eau,
dont la violence entraina de gros quartiers de pierres & de rochers, & ra-
vagea tout ce qu'elle rencontra.
Cette ravine d'eau fut accompagnée
d'un tremblement de terre furieux,
qui bouleverfa la ville & la ruina de
fond en comble. On entendit en
même tems un bruit étrange dans
l'air, & l'on vit en cette occafion
plufieurs phénomenes extraordinaires. La Nouvelle *Guatimala* a été
rebatie plus loin & dans une plaine ;
mais elle n'eft pourtant pas à l'abri
des tremblemens de terre auxquels
tout ce Païs eft fort fujet. Du refte
l'air y eft doux & temperé & le Païs
fer-

fertile en grains. On y a porté d'Espagne divers Arbres dont le rapport eſt
mediocre, excepté celui des figuiers
& des Abricotiers, qui viennent aſſés
bien. Il y a des Cacaotiers, des vanilles &
de l'*Indigo* en quantité, que l'on eſtime.
Pour les mœurs, le genie & la Religion, (j'entens leur mélange de Chri-
ſtianiſme & d'Idolatrie) c'eſt ici la
même choſe ſans diſtinction, que
dans la Province de *Mexique* proprement dite, à *Nicaragua* & enfin dans
toute la *Nouvelle Eſpagne.*

Quoi que la Ville de *Guatimala*
n'ait pas beaucoup d'aparence, elle
ne laiſſe pourtant pas d'être fort conſiderable pour les denrées & pour le
trafiq; mais ſa ſituation me paroit encore fort expoſée aux tremblemens de
terre, parce qu'elle eſt trop voiſine
des deux Montagnes qui ont cauſé la
ruine de la vieille Ville: bien que,
comme je l'ai déja dit, la nouvelle
Guatimala ſoit dans une plaine & à
plus d'une lieuë de la vieille. L'air
y eſt ſain & agreable, & le climat aſſés temperé, quoique generalement il
ſoit comme celui de *Mexique.* Les
Campagnes & les Montagnes ſont
remplies de bêtes à cornes, qui y multi-

plient

plient beaucoup : ce qui paroit à la
quantité de cuirs qui se trafiquent
dans la Province de *Guatimala*. Le
menu bêtail n'y est pas tout à fait si
abondant, mais toujours est il certain qu'on peut vivre à très bon marché dans cette Province.

Guatimala étend son commerce
assés loin, & même jusqu'au *Perou* par
Realeio qui en est à cinquante lieuës ;
ce qui fait qu'il y a de riches Negotians en cette Ville. Les uns y
sont venus avec du bien & l'ont au-
gmenté, les autres y ont gagné tout
leur avoir. Mais ordinairement ces
Negotians le gagnent autant par les
injustices qu'ils font souffrir aux Indiens, que par le trafiq : car il n'y a
sorte d'opression où ils ne les tiennent, jusqu'à leur oter tout ce qui
leur est necessaire pour vivre, & cela
sous mille pretextes ; comme pour n'a-
voir par fait leur tache, pour être un
peu plus gais qu'à l'ordinaire, (ce que
les maitres appellent étre yvre,) pour
avoir manqué de saluer quelque E-
spagnol. Il arriva de mon tems
qu'un *Repartidor* fit chatier à grands
coups de bâton sur le dos un de ces
pauvres mal-heureux, qui s'étoit eloi-
gné

gné pour faire fes neceffités , étant
preffé d'un cours de ventre violent:
parce qu'il l'avoit fait , à ce que difoit le *Repartidor* , à deffein de manquer de refpect à N. Seigneur, qu'un
prêtre , qui paffa un moment apres,
portoit à un agonifant. Outre cela on
manque de parolle aux *Indiens* en toutes les afaires qu'on fait avec eux. Si
l'on les prend à fon fervice , on leur
retranche le falaire impunément, & fi
par hafard ils fe plaignent de celui qui
les a trompé, & que le trompeur foit
riche & puiffant ; ils doivent compter de paier tôt ou tard ces plaintes
bien cherement. On viole leurs femmes, on les leur enleve brutalement,
& l'on vend ou garde pour efclaves
les creatures que ces malheureufes
mettent au monde. Enfin on va jufqu'à les tuer les uns & les autres avec
toute l'impunité poffible ; fi ce n'eft
qu'il en coute quelquefois au meurtrier une fomme d'argent, qui entre
dans la bourfe du Prefident de *Guatimala*, ou dans celle d'un Confeffeur,
qui gratifie le criminel de quelques
pardons de la part de Dieu: fans que là
Veuve ou les enfans de l'Indien en reçoivent autre dédommagement. Ces

D 3 ex-

excés né font pas tout à fait fi grans
aux environs de *Mexico*, mais à
quelques lieuës de là ils vont plus
loin que je ne le faurois dire, & cela
aliene entierement leur efprit de la
Religion Chretienne, dont ils difent
entr'eux que c'eft la *Religion du Diable*. Je ne m'étonne donc point que
les Naturels de ces Païs là foient per-
fides, & fourbes, comme nous l'ex-
perimentons & comme plufieurs Relations l'affurent ; car il eft conftant
que leurs Maitres en donnent l'exemple, par la conduite qu'ils tiennent.
Je ne fuis pas furpris auffi qu'ils fe
portent fi facilement à trahir notre
Nation, lorfqu'ils tombent entre les
mains des Avanturiers, comme j'ai
eu occafion de le voir plus d'une fois
étant avec ces derniers.

D'autre coté ces mauvais traitemens font qu'une infinité d'Indiens
& de Negres fe fauvent dans les Montagnes & en des lieux efcarpés ou inacceffibles, & s'y tiennent aux
aguets pour piller les marchandifes
& détrouffer les paffans, qui font
bien heureux, quand ils s'en tirent
vie fauve. Il eft peut étre à craindre
qu'un jour ces gens là ne s'emparent
de

de ce Païs. Ils se rendoient déja
redoutables au tems que j'étois à
Guatimala.

Au reste, pour faire voir que je n'ai
point imposé au Lecteur, lorsque j'ai
dit que les Ecclesiastiques sont souvent les causes du peu de fruit que fait
la Religion chez les Idolatres; je vais
reciter un fait qui pensa causer beaucoup de desordre parmi les Indiens à
Coban de *Verapaz,* lorsque j'y passai. De
tems immemorial les Curés ont établi
chez les Indiens la coutume de porter
un tableau à la paroisse, en leur persuadant que ce tableau, qui represente
un Saint de l'Eglise, les rendra heureux, & les protegera contre toutes
sortes de malheurs; parce qu'au moment que le tableau est placé ou suspendu dans l'Eglise, l'esprit du
Saint y vient habiter, & ne quitte
point sa demeure, tant que celui qui
a donné le tableau se gouverne bien.
Jusques là il n'y a pas à redire encore. Suivant les regles du Christianisme
des Indes, c'est une fraude pieuse.
Mais le but du Curé est d'excroquer
de l'argent aux Indiens; desorte que
pour faire descendre l'Ame du Saint
dans le tableau il se fait paier grassement,

ment,

ment, fans parler des bonnes ofrandes
qu'il s'affure annuellement, pour y
maintenir cette Ame en faveur de celui qui a placé le tableau & en faveur
de fa famille. Il arriva qu'un de ces Indiens aiant gratifié largement fon Curé
pour faire mettre un tableau de Saint
Dominique à certain lieu de l'Eglife,
un autre Indien jaloux de cela &
d'ailleurs fon ennemi paia au double
pour y faire mettre le fien, qui re-
prefentoit Saint Ignace. Soit que ce
dernier Saint fut efectivement mieux
dans l'efprit du Curé, ou que la feconde offrande plus grande que la
premiere lui eût donné dans la
vuë; Saint Dominique fut obligé de
ceder le pas à Saint Ignace & d'aller
fe loger ailleurs comme il pût, fans
aucun égard pour fon merite & pour
fon pouvoir: mais les Indiens prirent parti pour & contre, & la que-
relle s'échaufa, fi bien qu'ils vinrent
aux coups. Il y en eut plufieurs de
bleffés à mort. Les deux Saints ne parurent pas & fe tinrent fort en repos
pendant la bataille.

C'eft par cette methode que les
Curés & les Convens s'enrichiffent
extremement: car pour ne parler que
de

de certains profits qu'ils font; ils
tirent par an de ces tableaux une
centaine d'écus plus ou moins, felon
la quantité qu'il y en a dans une E-
glife; outre les poules, Chapons,
Coc d'Indes & autres Volailles qu'on
leur donne, & generalement prefque
tout ce qu'il faut pour fe bien nourrir: deforte qu'ils n'ont que la peine
d'amaffer. De plus on leur fait en
fruits, Chocolate & autres delica-
teffes, des prefens fi confiderables,
que fouvent ils font obligés de les
revendre, de même que les Cierges
dont il y a une prodigieufe abondance dans tous les Convens des Indes
& chez tous les Prêtres. Autres
chofes dont les Maifons Religieufes
font un grand trafic, ce font les
Bulles que le Pape envoie de *Rome*
aux Indes, fur lefquelles on fait un
profit extraordinaire, n'y aiant fils
de bonne maifon un peu fcrupuleux
en fa confcience, qui ne s'en munif-
fe, pour deux Reales la piece; quoi
qu'il y en ait de beaucoup plus che-
res. Les Efpagnols obligent auffi
leurs gens, foit Efclaves Negres ou autres d'en acheter, & s'ils n'ont pas
le moien de les paier, on les fait tra-

D 5   vail-

vailler un peu plus longtems, jufqu'à
ce que la fomme que coutent ces
Bulles foit paiée. Les ofrandes, qui
fe font aux bonnes Fêtes & la Proceffion des tableaux dont j'ai parlé,
qu'on ne manque pas de porter en
cérémonie dans les Villes & Villages
aux grandes Fêtes produifent auffi
beaucoup de largeffes.

Avant que d'aller plus loin, je dirai
un mot de *Realeio*, où ceux de *Guatimala* trafiquent beaucoup. C'eft
un Port fur la Mer du *Sud* à trois
lieuës du *Volcan-veio*, qui eft une Montagne de feu, que l'on voit de 20.
lieuës en Mer. La Ville renferme
environ 6. à fept cens familles ; il y
a trois Eglifes & un Hopital : mais
c'eft un lieu fort mal fain. Il y a aux
environs plufieurs rafineries & mou-
lins à fucre, beaucoup d'abeilles, de
poix, de goudron &c. *Pueblo Veio*
eft à trois ou quatre lieuës de *Realeio.*
Tout le plat Païs eft entre les mains
des Indiens, qui font fermiers ou tributaires de nos Efpagnols : & ceux-
ci leur envoient des *Padres* qui les in-
ftruifent & qui fe font paier graffement
de leur fonction, prenant eux mêmes
ce qui les accommode à l'honneur
de

de la Religion , dont ils se disent les tresbumbles serviteurs.

Il y a un grand Païs nommé *Fon-duras* qui joint à la Province de *Gua-timala*, & qui étoit extrémement peu-plé avant la venue de nos gens , à ce qu'on assure : mais à present le peuple y est si fort détruit, qu'on ne trouveroit pas à armer parmi les In-diens quatre cent bons hommes. On en a fait perir beaucoup au travail des mines & dans l'esclavage. Il s'en est aussi sauvé quantité dans les bois & dans les rochers. Les Espa-gnols ont construit cinq villes dans cette Province. La principale est *Truxillo*, qui est Eveché. *Truxillo* est située sur une colline prés de la Mer, du coté du Nord. Pour les au-tres villes, elles sont chetives & aban-données , à cause qu'il ne se trouve plus tant d'or en ce quartier là.

Je vais retourner à la pointe de *Jucatan*. Il y a vis à vis de cette pointe une Ile que l'on nomme *Cos-mella*, à soissante-dix lieuës du *havre de Saint Anegine*, (qui est la derniere pointe de *Cuba*,) & à cinq ou six de celle de *Jucatan*. Cette Ile est d'un assés grand circuit ; le sol y est ferti-

le

le & le terrain plat. On ne dit pas
qu'il y ait de l'or, mais elle abonde
en fruits, en legumes & herbes po-
tagères, en bétail, en volaille, en
miel & en cire. Les Indiens font du
même naturel que ceux de la pointe
de *Jucatan*. Les Espagnols y ont
planté diverses Croix fur les hauteurs, de même qu'ailleurs dans les *Indes*, pour marque de leur prife de pof-
feffion à l'honneur de la fainte Croix
du Sauveur. C'eft ce qui l'a fait
nommer *Santa-Cruz*.

Il y a cent lieues de la pointe de
Jucatan à *Rio grande*, & l'on laiffe
entre deux *Punta de los Mugeres* & la
Baie de l'Afcenfion.

Rio grande, eft à feife ou dix fept
degrés de hauteur. Il y a cent cinq
lieües de là au *Cap de Camaron*. De
Rio grande au *Port de Hiqueras*, il y
en a trente.

Du *Port ou havre de Higueras* à
Puerto di Cavallos il y en a trente autres.
C'eft ici la deuxieme colonie d'Efpagnols. *San Pedro* eft à une journée
de là en une plaine près des Montagnes. C'eft la troifieme Colonie.
Rio d'Ullua, qu'un lac partage, n'eft
pas loin de là. On voit au milieu
de

de ce Lac quelques éminences de terre femblables à des Ilets.

De *Puerto* de *Cavallos* à celui qui porte le nom de *Triumpho de la Cruz*, il y a vint cinq à trente lieues. *Guomoreta*, *Saint Jaques* & *Truxillo* gifent entre deux.

De *Triumpho de la Cruz* au *Cap de Honduras* il y a trente deux lieues & delà à celui de *Camaron* un peu plus de vint.

De là à celui de *Gratias à Dios*, qui eft à quatorfe degrés de hauteur, on compte foiffante & neuf lieües. C'eft la quatrieme Colonie. *Cartha-go* eft entre deux.

Carthago Evêché peut contenir entre quatre & cinq cens familles, dont il y en a de fort riches. Cette ville trafique avec *Panama*, *Portobelo*, & *Carthagene*.

De *Gratias à Dios* à *Defaguadera*, qui fort du lac de *Nicaragua*, il y a foiffante dix lieües. Nous laifferons cette côte, pour paffer à la Provin-ce de *Nicaragua*.

CHA-

CHAPITRE V.

Suite de la Description de la *Nouvelle Espagne*. De la Province de *Nicaragua.*

VEnant de *Fondura* & passant par les Mines de *Chalatecca* on va à la Province de *Nicaragua*, qui s'etend jusqu'à la Mer du *Sud*. C'est un Païs beau & fertile; mais les chaleurs y sont si grandes, qu'on ne peut y voiager de jour en été. Les pluies y durent six mois, & commencent ordinairement en May. Le reste de l'année se passe en beau tems & en une sécherelle continuelle. Il y a abondance de cire, de miel, d'arbres fruitiers, & de baume &c. On y voit peu de gros bêtail, mais en recompense beaucoup de cochons, dont les premiers ont été amenés d'Espagne & y ont foisonné extrémement. Les villages des Indiens sont assés propres. Leurs maisons sont faites de joncs & couvertes de chaume. Pour les metaux, il ne s'y

en.

en trouve pas, que je fache, bien
que nos gens y aient vû de l'or,
quand ils y vinrent, à ce qu'on affure. Il y a beaucoup de perroquets
& d'autres oifeaux, qui font un grand
dégat aux femailles, & qui en feroient bien davantage, fans la pre-
voiance des habitans, qui les chaffent avec des épouvantails faits de
cannes & de rofeaux, ou les dé-
truifent avec la fronde & le fufil.

On appelle avec raifon cette Province de *Nicaragua* le *Paradis de
Mahomet*, à caufe de l'abondance
& de la tranquilité qui y regnent
egalement. Auffi les habitans y font
ils voluptueux & fort vains. Du
refte leurs mœurs & leurs manieres fe
rapportent entierement à ce que nous
avons dit des Mexicains. Quoique
la cire y foit abondante, on s'y fert
ordinairement de torches de pia
au lieu de chandelles. Les Indiens
de *Nicaragua* parlent quatre lan-
guages differens, dont le principal
eft le *Mexicain*, qui s'étend dans u-
ne bonne partie des deux *Ameri-
ques*. Par le moien de cette langue on peut fe faire entendre à
plus de quinfe cent lieües à la ronde.

de. Les danſes de ces Indiens ſont aſſés
ſinguliéres. Ils danſent en troupes de
trois ou quatre mille, & reçoivent tous
ceux qui viennent ſe joindre à la ban-
de. Ils netoient fort proprement le
terrain ſur lequel on doit danſer ; a-
près cela il y en a un d'entr'eux qui
s'avance pour mener le branle. Ils
ſe tournent de pluſieurs maniéres en
danſant, & ſe prennent tantôt par derriere, tantôt par devant, ſe ſepa-
rent enſuite & tournent ſeuls, pendant qu'il y en a d'autres qui chantent quelques chanſons, ou jouent
d'une eſpece de tambour, au ſon du-
quel celui qui mene le branle repond,
& après lui tous les autres, tenant entre les mains des calebaſſes pleines
de petites pierres, qu'ils ſecouent en
danſant. Après avoir fait quelque
tems cette figure, ils ſe croiſent, &
tournent les uns derriere les autres
en faiſant mille poſtures & mille grimaces. Les uns levent le pied &
ſe prennent au talon en ſautant
d'une maniere très agile. Les autres levent les bras. Il y en a qui font
les ſourds, d'autres les aveugles. Ils
rient, ils crient, & font en un mot
toute ſorte de ſingeries. Ils ſolemni-
ſent

fent ces danfes le plus proprement
qu'ils le peuvent, ornés de plumes &
de pennaches, aiant des tours de
coquilles aux bras & aux jambes. A-
près cela ils fe regalent & paffent la
journée à boire enfemble.

Il part frequemment des vaiffeaux
de *Nicaragua*, qui vont à la Mer du
Sud. *Realeio* eft le lieu du rendévous.
Ce Port a deux paffes, dont celle
du vent eft fort étroite. Il y a outre cela deux mornes ou hauteurs
qui en font les deux pointes. Les
Navires y mouillent fouvent pour
faire du bois & pour la commo-
dité du havre. La Ville de *Leon*
eft à une journée de là à l'Eft.
C'eft le fiege d'un Evêque, qui
fe tient plus à *Grenade* qu'en fa
ville Epifcopale. Cette ville a
été batie fur le bord du lac de
Nicaragua, par *Francifco Fernandez*,
de même que *Grenade* & quelques
autres villes fituées fur ce Lac, à
cinquante petites lieues de la fufditte,
prefqu'au bout du Lac & du coté
qu'il dégorge en la Mer du *Sud*.

La Ville de *Leon* eft batie fort proprement. Mais les Maifons y font
baffes, à caufe des tremblemens de
terre.

terre. Elles ont toutes des jardins &
de beaux vergers. Cette ville, qui
renferme autour de douse cens maisons, trafique sur les deux Mers du
Nord & du Sud: mais en general les
habitans y passent la vie dans la mollesse & l'oisiveté, plus contens de
jouir des plaisirs & des commodités
de la vie, que des richesses & du
commerce. La beauté du Climat &
l'abondance dont on y jouït contribuent beaucoup à cette mollesse. Ils
s'occupent à dormir, plus qu'à autre
chose, à gouter les plaisirs de la campagne, à elever des oiseaux &c. Cette ville n'est pas fort éloignée d'une
Montagne de feu qui a souvent cau-
sé de grans dommages aux environs:
mais comme elle brule presentement
beaucoup moins qu'autrefois, les
habitans n'en craignent presque plus
rien. Plusieurs Espagnols ont été
d'opinion qu'il y avoit de l'or, & quelques uns y ont fait de grandes re-
cherches sans aucun fruit.

De *Leon* à *Grenade* le chemin est si
egal & si beau, avec une telle abondance de toutes choses, que je n'ai
jamais rien vû de plus agreable. *Grenade* est une ville beaucoup mieux
batie

batie encore que *Leon*, il y a des negocians fort riches & qui trafiquent à *Carthagene*, à *Guatimala*, à *Comayaga*, & ailleurs: mais les habitans y sont vains, comme ceux de *Leon*. Les Eglises sont magnifiques & les Couvents riches à l'excés. Aussi n'y a t'il point de lieu où les Indiens soient plus maltraités.

Le meilleur negoce de *Grenade* se fait au départ des fregates qui partent du Lac pour *Carthagene*: car en ce tems là on voiture à *Grenade* quantité de marchandises de grand prix, & l'on y voit arriver de tous cotés des troupes de mulets chargés d'Indigo, de cochenille, de sucre, de cuirs, d'argent &c. L'argent des revenus du Roi se transporte souvent par cette même voie du Lac.

Il se trouve de fort grands poissons au lac de *Nicaragua*, entr'autres le *Manati*, ou *Lamentin*. Il a deux ailerons tout joignant la tête, & est de la forme d'un loutre. Ce poisson a trente cinq pieds de longueur & douse au moins d'épaisseur. De la tête & de la queue il ressemble au bœuf. Il a les yeux pêtits, la peau dure, velue & de couleur bleue,

&

& deux pattes courtes fous le ventre. Les femelles de ces animaux font leurs petits comme les vaches & les élevent de même, aiant des mammelles pour leur donner à teter. Cet animal eft amphibie. Les Indiens raccontent qu'un de leurs Rois aiant pris une *Manate* la nourrit pendant plus de vint-fix ans en un étang nommé *Guaimaba* prés de fon Palais, & l'aprivoifa fi bien avec des morceaux de gateau & de viande qu'il lui donnoit, qu'avec le tems elle venoit manger à la main. A l'heure du jour que les Domeftiques du Roi avoient accoutumé de lui donner de la nourriture, elle ne manquoit pas de mettre la tête hors de l'eau, & dés qu'on l'appelloit *Marto Marto*, mot qui en Langue Indiene fignifie *brave* ou *genereux*, elle nageoit vers eux & fortoit de l'eau, pour aller prendre le manger de leurs mains. Si l'on oublioit de lui donner à manger, elle venoit elle même le chercher prés du Palais, & y jouoit avec les enfans, en prenoit fouvent cinq ou fix fur fon dos & les promenoit fur le Lac.

Le *Lac de Nicaragua*, n'eft gueres
éloigné

éloigné de la Mer du *Sud*, & communique à celle du Nord par *Rio Desaguaderos* qui a plus de.... lieuës de cours depuis le lac à la Mer. La descente des fregattes par le *Desaguaderos* est quelquefois longue & ennuieuse pour ceux qui prennent cette voie : à cause qu'il faut souvent charger & décharger les Vaisseaux pour les alleger , quand on passe entre les rochers. Il se tient quantité de Crocodiles autour du Lac & de la Riviere. Ces Animaux sont fort dangereux si l'on n'y prend garde. Ils font leurs œufs sur terre, dans le sable & de la grosseur des œufs d'Oie. Ils sont si durs , qu'un coup de pierre ne sauroit les rompre. On mange quelquefois de ces Crocodiles, mais c'est faute de meilleure nourriture : quoique la chair de ces Animaux soit assés du goût des Indiens.

Quand on a passé la Province de *Nicaragua* , on vient à un Païs rude & facheux, à cause des Bois & des Montagnes , où les chevaux & les mulets ne passent qu'avec beaucoup de peine. On trouve aux environs de ce Païs là en Mer & sur le rivage
de

de fort grandes tortues , qui font,
auffi leurs œufs dans le fable , comme
les Crocodilles. Tous ces Animaux
ne couvent pas ; ils fe contentent de
laiffer leurs œufs dans le fable , où
la force du Soleil les fait éclorre en
peu de tems. La chair des Tortues eft
fort faine & de bon gout étant fraiche.
J'en parle par experience , en aiant
mangé avec les Avanturiers , qui en
font leur meilleur ragout.

Du Cap de *Gratias à Dios à Rio
Defaguaderos* il y a foiffante-dix
lieuës , ainfi qu'on l'a dit. Du *Def-
aguadero* à *Corobaro* il y en a quarante.

De *Corobaro* à la vieille Ville de
Nombre de Dios il y en a..... *Veragua*
& *Rio Sivero* ou *Suvere* gifent entre
deux. Par les diftances que je viens
de donner , & par celles que j'ai
donné au Chapitre precedent, il paroit qu'il y a cinq cent lieuës de la
pointe de *Jucatan* à *Nombre de
Dios*.

Les Indiens qui demeurent entre
Nicoia , & *Carthago* , aux environs
de *Rio Sivero* & prés de *Veragua*,
ne diferent en rien de ceux dont j'ai
parlé, excepté qu'ils font plus rudes

&

& plus incivils. Ceux des Montagnes
entre *Nicoia* & *Carthago*, font fort barbares & haïffent à mort les Efpagnols
qui les appellent *Indiens guerriers*,
parce qu'on n'a pû venir à bout de
les domter. Il fe trouve dans les Montagnes de ce Païs là des tigres, des
finges & autres bêtes fauvages. On
y en voit une que ces Indiens nomment *Cafeui*, qui reffemble à un
pourceau noir. Cette bête eft
garnie de poils; elle a la peau dure &
les yeux petits, les oreilles larges
comme celles d'un elephant, l'ongle
divifé, le mufeau dur & une voix fi
forte, qu'elle étourdit. On affure
que la chair de cet Animal eft de
bon goût & bonne à manger.

Il y en a une autre qui a fous le
ventre un fac où elle cache fes petits,
lorfqu'elle eft obligée de fuir. Elle
reffemble au Renard, & a les pieds
comme ceux d'un finge, ou plutôt
comme les mains d'un homme, & les
oreilles comme celles d'une fouris.

On voit encore en ces quartiers là
un Animal à quatre pieds qu'on
nomme Iguanna. Cet Animal reffemble au lezard. Il a une houpe
fous le menton, comme un petit
tou-

toupet de barbe, sur la tête une crête comme les coqs & sur le dos des pointes aigues. Sa queuë est longue, fort aigue, un peu retroussée. Cet Animal est mis entre les Reptiles non nuisibles. Sa femelle pond quarante à cinquante œufs à la fois de la grosseur d'une noix. Le jaune & le blanc y sont separés comme aux œufs de poule, & ces œufs sont aussi bons à manger & même de meilleur goût que leur chair. Il ne faut cuire ces œufs d'*Iguanna* ni au beure, ni à l'huile, mais seulement à l'eau. L'*Iguanna* est du nombre des Amphibies, car il vit sur terre & dans l'eau. Il grimpe sur les arbres, & comme sa figure n'est pas agreable à voir, ceux à qui il est inconnu en ont horreur. Cet Animal peut bien vivre dix à douse jours sans manger. Sa chair est de tres bon goût, mais elle est fort contraire à ceux qui ont eu, ou qui ont encore la verolle; car s'ils en mangent, elle la fait sortir, & renouvelle leurs douleurs. De sorte qu'il y a peu d'Ecclesiastiques & de Seculiers qui osent en manger parmi nos gens.

Les Espagnols ont commencé à batir,

batir, vers le milieu de ce Siecle, *Sainte Marie*, fur la Riviere de ce Nom, & cette Ville fe rendoit confiderable dans le tems que j'étois encore au *Mexique.*

CHAPITRE VI.

De l'Anciene Ville de Nombre de Dios, *abandonnée aujourd'hui & qui n'a de fon anciene Magnificence que le nom. Des deux* Panama, *de* Porto-Belo, *de* Darien *&c.*

IL y a déja du tems que l'on a abandonné cette Ville de *Nombre de Dios*, à caufe de fa mauvaife fituation, pour s'aller établir à *Porto-Belo*, où le havre eft beaucoup meilleur & de plus facile défenfe, que n'étoit celui de *Nombre de Dios.* Voici pourtant ce que j'ai à dire de *Nombre de Dios*, pour la fatisfaction des Lecteurs, qui peut être ne feront pas fachés de connoître cette Ville: & je les avertirai en même tems, que ce que j'en dis ici fe doit prefentement prefque tout appliquer à *Porto-Belo.*

Tom. I.   E   Nom-

Nombre de Dios a été une place fort marchande du coté du *Nord.* Aprés un mauvais rencontre, *Diego de Niquesa*, Espagnol s'étant retiré en un havre de ce quartier là avec le reste de ses gens, y dit ces propres parolles, *in Nombre de Dios*, c'est à dire, *au Nom de Dieu*, & se mit ensuite à bâtir quelques petites maisons en ce même lieu, pretendant y commencer une Ville. Aprés lui d'autres continuerent son projet & le nom de *Nombre de Dios*, resta à la Ville. Cette Ville s'étendoit Est & Ouest en sa longueur, suivant le rivage de la mer, au milieu d'un fort grand Bois en un lieu mal sain, sur tout en hyver, à cause de la grande chaleur & de l'humidité de la terre, qui y causoient des exhalaisons pestilentielles; sans parler d'un Marais prés de la Ville, du coté de l'Ouest; ce qui faisoit que les habitans n'y étoient pas de longue vie. Les maisons y étoient toutes bâties à la maniere d'*Espagne*, de même que celles de *Panama* & des autres Villes des Indes Occidentales. La pluspart des Marchans de *Nombre de Dios* avoient aussi maison au vieux *Panama*, qui
dans

dans la fuite a été auffi abandonné, après que les Anglois l'eurent pillé & brulé, ainfi que je vais le dire. Les Marchandifes du *Perou* étoient apportées à *Panama*, & celles d'Efpagne & des Mers du Nord à *Nombre de Dios.* Ces Marchans & ces Negocians y faifoient leur refidence tous enfemble, jufqu'à ce qu'ils euffent bien rempli leur bourfe ; & alors ils fe retiroient ailleurs au *Mexique*, dans le *Perou*, & la plufpart du tems en *Efpagne.*

Le havre de *Nombre de Dios* étoit à l'extremité Septentrionale, & pouvoit contenir plufieurs Vaiffeaux. On y apportoit d'*Efpagne* quantité de fruits & de legumes, parce que ces chofes venoient rarement à bien. On y portoit de même toutes fortes de denrées de *Saint-Domingue*, de *Cuba* & de la Province de *Nicaragua*, comme du maïz, du froment, du pain de *Caffave*, de la chair de porc &c. D'Europe on y portoit encore de la morhue & autres femblables chofes ; de *Panama* on y amenoit des vaches, on y portoit de la chair fraiche, des fruits des Indes. Et à l'égard des autres Marchandifes, les

E 2   na-

navires Eſpagnols y venoient décharger annuellement des vins , de
la farine , des olives , de l'huile,
des figues , des raiſins , des étofes
de ſoie & de laine ; enfin toutes ſortes ſortes de Marchandiſes de debit
aux Indes.

Toutes ces Marchandiſes, denrées
&c. étoient voiturées enſuite & le ſont
encore aujourd'hui, par des Bataux
plats ſur *Rio Chiagro*, juſqu'à un lieu
nommé Venta de *Cruze*, à quatorſe ou
quinſe lieuës de *Panama*. On les deli-
vroit là entre les mains d'un Faĉteur
Eſpagnol, qui les marquoit & les
gardoit juſqu'à ce qu'elles fuſſent en-
voiées par terre au vieux *Panama*, à
l'autre coté de l'*Iſthme*; d'où on les
portoit enſuite par mer dans tout le
Perou , dans la Province de *las Car-*
cas, au *Chili* &c, de même que celles de ces Païs-ci étoient portées,
en contr'échange dans toutes les
parties Septentrionales.

L'or & l'argent que l'on apporte
de la Mer du *Sud* ſe voiture generalement par terre: mais les Marchans
Eſpagnols en font paſſer beaucoup
dans des balles de Marchandiſe,
pour frauder les Droits. Toutes ces
Mar-

Marchandifes font embarquées trente jours aprés l'arrivée de l'*Armada*
ou Flote Efpagnole, qui part enfuite
de *Porto-Belo*, pour faire voile du
coté de *Carthagene*, où elle charge
l'argent du *Mexique* & fe joint à la
Patache qui vient prendre pour le
Roi d'*Efpagne* les taxes & l'argent
des Gabelles. Ces Vaiffeaux fillent
enfuite de *Carthagene* à la *Havana*
dans l'ïle de *Cuba*, & s'y joignent au
refte de la Flote, qui charge les efets
des Negocians de *Mexique* à la *Vera-
Cruz* : & tous ces Vaiffeaux font enfuite voile de conferve pour *l'Efpagne*, en débouquant dans la Mer du
Nord par la Mer de la *Floride*.

Le vieux *Panama* eft une des premieres Colonies des Efpagnols dans
le Continent, à caufe de la communication des deux Mers. Cet endroit
fe peupla bien-tôt, & feroit encore
tres floriffant, fi le pirate Morgan ne
l'eut détruit en 1670. Il y avoit un
Gouverneur Efpagnol qui tenoit un
rang confiderable apres le Viceroy
de *Mexique*. Panama étoit alors tout
ouvert, fans murailles ni fortereffes.
Deux méchantes Redoutes lui fervoient de defenfe, l'une au bord de

la Mer, l'autre fur le chemin de *Cruz*, garnie chacune de fix petites pieces de canon. Cette Ville avoit fept à huit mille maifons la plufpart de bois & de rofeaux. Les rues en étoient affés belles, larges & regulieres. Les gros Marchans occupoient les plus belles Maifons de la Ville, & rien ne manquoit à la magnificence de ces Meffieurs. On y voioit huit Couvens, une belle Eglife Cathedrale & un Hopital deffervi par les Religieufes. L'Evêque étoit, comme il eft encore, fuffragant de l'Archevêque de *Lima*, & Primat de *Terra Fierma*. Les Campagnes y étoient affés bien cultivées. De beaux jardins & des fermes ornoient les environs de la Ville. Tout cela fut reduit en cendres par Morgan.

Les Efpagnols dénichés de là s'allerent établir à quatre lieuës plus loin, & bâtirent le nouveau *Panama*, qui donne fon nom à une Baie confiderable, où fe jettent des Rivieres autrefois, & peut-être encore, fertiles en or. Cette Ville eft revetue d'une haute muraille de pierre. On y voit de belles Eglifes & de riches Couvens. La Maifon du Prefident & en

ge-

general tous les Batimens publics y
font magnifiques. Il y a huit Eglifes
Paroiffiales, & trente Chapelles. Du
coté des fortifications il y auroit
bien des chofes à dire. On y a planté quelques pieces de canon fur les
murailles & fait des redoutes vers la
mer.

Voici les Oficiers Roiaux de l'Audience de *Panama*. Le Gouverneur,
un Capitaine General, le Prefident,
quatre Confeillers, un Prevoft & le
Procureur General. Un Auditeur
des Comptes, un Threforier General & un Commiffaire, auffi General.

Les Revenus de l'Evêque, dont
le Siege eft le premier de *Terra-Fir-
ma*, ne font pas auffi confiderables
qu'en plufieurs autres lieux des
Indes.

Il n'y a ni Bois ni Marais prés de
Panama, & l'on n'y eft pas expofé
aux brouillars. Les humidités commencent à la fin de May & durent jufqu'en Novembre. Les Vens de Mer y
regnent alors du S. O. pendant fix
mois, mais dans les fix autres mois ils
fouflent de l'Eft & du N. E. Les pluies
ne font pas tout à fait fi violentes à *Pa-*

na-

nama que dans les deux côtés de la Baie.

Comme tout le commerce du *Chili* & du *Perou* vient aboutir à *Panama*, les Magaſins de cette Ville y ſont toujours pleins, & la Mer n'y eſt jamais ſans vaiſſeaux. J'aurai occaſion de parler encore de *Panama* dans la ſeconde partie de cette Relation.

Je viens preſentement à *Porto-Belo*, qui a priſ la place *de Nombre de. Dios*. Preſque tout ce qui a eté dit ſur le Negoce de cette derniere place ruinée ſe peut appliquer à *Porto-Belo*, ainſi que je l'ai déja remarqué. Le havre de *Porto-Belo* eſt grand & commode, de bon mouillage & de bon abri. Il eſt defendu par deux Forts, outre celui de *Saint-Michel*, qui eſt plus avant dans le port. C'eſt là que les galions vont prendre les threſors du *Perou*, qui ſont apportés par terre de *Panama*. La Ville eſt au fond du havre en forme de Croiſſant, & c'eſt ſur le milieu du Croiſſant qu'eſt le petit Fort ſuſdit environné de maiſons du coté de la place. Cette place eſt ſous la garde d'un Commandant qui a ſous lui 15. ou vint goujats, qui n'ont rien de guerrier que l'épée &

la

la mouftache. Le plus grand des trois Forts eft à l'Oueft fur une eminence & à deux cent pas du rivage. Celui-ci eft commandé par une hauteur : ce qui fut caufe de fa prife par les Anglois. La Ville a deux grandes ruës croifées par plufieurs autres, avec une petite place d'armes au millieu. Les Eglifes & les Maifons font affés belles. Pour l'air, il n'eft pas meilleur ici qu'à *Nombre de Dios*, à caufe de fon terrain bas & marecageux à l'Eft. Mais la malignité de l'air fe fait fur tout fentir au tems de l'arrivée des gallions, à tous ces Marchans, Soldats, Matelots & autres nouveaux venus, qui fe laiffent aller à manger & boire fans regle & fans aucun regime; ce qui ne manque pas de leur caufer de terribles maux, & particulierement des fievres ardentes & des diarrhées, qui enlevent quantité de monde. Ce n'eft pas feulement le fruit, & l'air marêcageux de *Portobelo*, qui fait tant de mal aux étrangers : il faut auffi qu'ils fe précautionnent contre les mauvaifes qualités des eaux, qui font fort mal faines à boire. Il faut encore qu'ils prennent

E 5   nent

nent garde à ne pas avoir les pieds
humides, ou mouillés en tems de
pluie: car cette humidité jointe aux
grandes chaleurs de ce mauvais air
leur cauferoit des fievres mortelles.
Je parle de ceci par experience &
comme aiant fejourné à *Porto-Belo* a-
vec nos Flottes. Je fuis perfuadé que ce
qui contribue le plus aux difpofitions
des hommes qui changent de climat,
c'eft de ne pas vouloir s'affujettir
aux coutumes & au regime des Païs
où ils font nouveaux venus, & de
s'opiniatrer à y fuivre leurs fantaifies
& leurs paffions. C'eft ainfi que les
Efpagnols venus d'Efpagne ne veulent ordinairement rien changer à
leur maniere de vivre étant aux Indes: d'où il refulte qu'ils y trouvent
fort fouvent leur tombeau, ou du
moins beaucoup d'infirmités.

Le *Tabardillo*, regne auffi beaucoup à *Porto-Belo*, & à *Darien*; & generalement on y eft fouvent expofé
dans toute la *Nouvelle-Efpagne*. C'eft
une fievre contagieufe & tres violente, qui confume les entrailles &
fait mourir dés le troifieme jour. Il
s'exhale du corps des malades une
puanteur infupportable caufée par la
pour-

pourriture des entrailles & de l'eſtomac.

Porto-Belo étant extrémement fre-
quenté par les Marchans au tems
de l'arrivée des Galions ; les denrées y ſont alors d'un prix extraordinaire, & les logemens ſi chers
pendant les vint ou vint-cinq jours
qu'on charge & décharge les marchandiſes , que les bourgeois qui
loüent des appartemens font autant
ou plus de profit que ceux qui viennent negocier.   •

La largeur de la terre entre
Nombre de Dios , ou *Porto-Belo* , &
Panama , eſt de 16 à 17 lieuës d'u-
ne mer à l'autre.

D'Ici aux écueils que l'on ap-
pele *Farallones* de *Darien* à huit
dégrés de hauteur, il y a ſoiſſante
dix lieuës. *Darien* n'eſt pas ſituée
en un endroit plus ſain & moins
expoſé aux chaleurs que *Porto-Belo*
& c'eſt ce qui eſt cauſe que tous les
habitans de ce lieu y ſont de fort
mauvaiſe couleur & jaunes comme
s'ils avoient la janniſſe. Je ne ſai pourtant ſi cela vient uniquement de la
ſituation & du Climat. Il y a pluſieurs
autres places ſituées à pareille hau-

E 6   teur,

teur, mais à la verité dans des lieux
où il y a des fources & des fontaines
d'eau vive & claire, où les habitans
fe portent fort bien & ont affés bonne couleur. *Darien* eft fur la Riviere de ce nom & eft environnée de
hautes Montagnes : de forte que le
Soleil du Midi y frape directement, &
que la reverberation de la chaleur de
cet aftre s'y fait fentir des deux côtés, devant & derriere : ce qui contribue aux ardeurs infupportables &
mal faines de l'été, plus que le climat où elle eft. Dailleurs le terrain de
Darien ne vaut abfolument rien, car
cette place eft dans un Marais d'eau
puante. Les habitans y font conti-
nuellement infeftés de toutes fortes de
vermine. Si l'on y creufe à la profondeur de deux ou trois pieds, on
decouvre auffi tôt des fources d'eau
corrompue, qui fe communiquent à
a Riviere, dont le cours eft lent &
retenu par la bourbe. Cette Riviere
va fe jetter dans la mer en traverfant
la vallée de Darien. La garnifon de
Darien eft auffi bonne que celle de
Porto-Belo.

On trouve en ces quartiers là des
tigres, des lions & des crocodiles.

Il

Il y a des boeufs fauvages, des cochons, & des chevaux en fort grand
nombre, & plus grans que ceux d'Efpagne. Il n'y manque ni fruits, ni
herbes potageres, ni legumes, excepté, comme je l'ai dit, près de *Darien*,
où le fol eft fterile & mauvais. Les
Indiens de l'Ifthme & des lieux voifins font generalement fort bruns &
de couleur d'olive, bien proportionnés de corps, & difpos. Ils ont peu
de poil, même à la tête & aux four-
cils, & s'ils en ont, ils le font tomber avec certaines herbes, dont j'ai
oublié le nom. Ces Indiens vont
nuds jufqu'à la ceinture, mais ils
font couverts de la ceinture aux ge-
noux. Les plus diftingués d'entr'eux le font jufqu'aux pieds.

La Riviere de *Darien* eft à huit degrés de hauteur : ainfi les jours &
les nuits y font à peu prés égaux.

Je ne dis rien ici des fruits qui fe
trouvent dans l'Ifthme de même que
dans toute la *Nouvelle-Efpagne* &c.
tels que font les *Sapotas*, *Sapotillas*,
Avogados, *Goyaves*, *Papaias*, *Juni-
pas*, *Ananas*, *Bananes*, *Plantains*
&c. toutes les Relations des Indes
Occidentales faifant affés connoitre

ces

ces fruits. D'ailleurs mon deffein,
en donnant cette Relation, eft de
décrire exactement les chofes qui
me paroiffent avoir été oubliées par
les Ecrivains, foit pour la fituation
des Lieux, ou pour l'état prefent
du Païs.

Il faut que je donne mon avis
touchant la maladie qui eft le plus
à craindre dans ces Païs brulés &
mal fains, fur tout du côté de *Panama*, & le long de la côte de la
Mer du Sud. Après que l'Efté a fi-
ni, il y regne des pluies continuelles tout le refte de l'année & ces
pluies font fur tout fort dangereufes aux nouveaux venus; car
auffi tôt qu'on l'a reçue fur le
corps, elle y forme des puftules &
des bourgeons, & il s'y engendre
outre cela des vers longs & min-
ces entre cuir & chair: déforte que
le corps s'ulcere & fe pourrit. Le
feul remede eft de fe tenir fec, &
fi l'on eft obligé d'aller à la pluie,
de changer auffi-tôt de linge. Il
faut auffi avoir foin de fe tenir propre. On ne fauroit croire combien
la propreté du corps contribue à la
fanté dans les Climats Meridionaux.

On

On trouve à neuf lieües de Darien & dans cette partie de la
Nouvelle Grenade que l'on appelloit
autrefois *Caribane*, un village nommé *Futeraca.* A trois lieües de là
on trouve *Vraba* vers le Golfe de
Darien. Vraba a été autrefois considerable & la Capitale d'un Roiaume. A six lieües plus loin on a
Feti, plus loin à neuf lieües *Zereme*;
à douze lieües de *Zereme*, *Sorache.*
Ce ne sont là que des villages habités autrefois par des *Indiens*, qui
mangeoient leurs ennemis, & les
prisonniers faits à la guerre.

Le Golfe a quatorze lieües de longueur, & six de largeur à son embouchure; car à mesure qu'il s'a-
vance dans les terres, il va en étre-
cissant. Tout ce qu'on plante ou
sème en ce Païs là croît fort vite;
car on y a au bout de huit à dix jours
des concombres, des courges, des
melons & autres fruits.

C'est à la Riviere de *Darien* que
je pris parti en 1681. avec le Capitaine *Cosson* Anglois, qui couroit
alors cette côte avec ses Flibustiers.
Ils trafiquerent là avec les naturels
du Païs, & pillerent bravement les
Espa-

Espagnols. Il ne feroit pas dificile aux autres Europeans de s'établir en ce Canton, & fi l'on y étoit une fois maître de la communication des deux Mers, le negoce de la Mer du Sud, & tout le commerce du Pais tomberoient bien-tôt entre les mains de ces nouveaux hôtes.

CHAPITRE VII.

De la Nouvelle Grenade, de Carthagene, Sainte Marthe &c.

AU delà du Golfe & du même côté que *Carthagene*, on a *Saint Sebaftien* de *Buona Vifta*, & plus loin la Riviere de *Zenu*, où il y a un havre & une Ville à fept ou huit lieuës de la Mer. Il s'y fait affés de trafiq en fel & en poiffon, & l'on y fabrique divers ouvrages d'or & d'argent. L'or fe trouve dans cette Riviere au tems des écoulemens des eaux & après les fortes pluies. Ces endroits ont été découverts en 1502. par *Roderigo* de *Baftides*. Deux ans après & depuis encore

core en 1509. *Alonſo de Hojeda* &
Giovani Della Coſa y envoierent des
gens pour reconnoître ce Païs & ſes
habitans, & pour s'informer de leurs
richeſſes. Ces Indiens ſe mirent
en defenſe & prirent les armes pour
chaſſer les Eſpagnols. Mais ceux-ci
leur firent des demonſtrations d'a-
mitié & leur donnerent à connoître
leurs intentions pacifiques, par un
Interprete qne *François Piſarre* avoit
amené. Ils ſe declarerent donc pour
gens tranquilles, qui avoient été
long tems en mer, & qui ſe trouvant dépourvûs de vivres & d'autres choſes neceſſaires ne cher-
choient qu'à ſe ravitaïller &c. Ces
Indiens plus aviſés repondirent ſage-
ment à nos gens, " Il n'eſt pas im-
„ poſſible que vous ſoiés tels que
„ vous dites, mais comme vous ne
„ ſauriés nous en donner aucune aſ-
„ ſurance, retirés vous d'ici, car
„ nous ne ſommes pas d'humeur de
„ ſoufrir les bravades des étrangers.
On ajoute qu'un Eſpagnol de la
troupe leur aiant dit qu'on ne pouvoit ſe retirer de la ſorte, & qu'on
avoit commiſſion du Pape pour
les convertir auparavant à la Foi &
les

les baptiser ensuite ; ils écouterent
cela froidement & avec mépris. Mais
quand cet Espagnol achevant de
montrer l'essentiel de la commission,
leur eut dit que le Pape est le Lieu-
tenant de Jesus Christ par tout le
monde , qu'il a pleine & absolue
puissance sur toutes les ames en ce
qui regarde la Religion , & qu'enfin
il avoit donné les Païs du Nouveau
Monde au Roi d'Espagne ; sur quoi
eux Espagnols étoient venus pour
en prendre possession à la gloire de
Dieu & de Notre Saint Pere le Pape :
les Indiens se mirent à rire & lui répondirent. ,, Ce que vous dites de la
,, gloire de Dieu est fort bon , mais
,, cet hommé , que vous appellés
,, Pape, est bien hardi on bien sot,
,, d'aller donner ce qui ne lui apar-
,, tient pas & qu'il ne sauroit livrer.
,, Votre Roi doit être bien pauvre
,, ou bien affamé , pour vouloir
,, prendre par force les Païs des au-
,, tres Peuples & de ceux qui ne lui
,, font aucun mal. Si vous n'étes
,, pas satisfaits de notre réponse
,, & que vous persistiés à vouloir
,, nous assujettir, nous vous traite-
,, rons en ennemis & nous vous
,, cou-

;, couperons vos têtes. " Ces menaces n'empêcherent pas que les Espagnols aidés de la force ne les vainquissent, & n'assujettissent ces Païs, comme tous les autres.

Il y a soissante-dix lieuës de là à *Carthagene* ; de *Carthagene* à *Sainte Marthe* il y en a cinquante. On trouve le *Rio grande* entre deux.

Il y a à l'embouchure d'un havre que l'on a nommé *Puerto de*..... une Ile que les Indiens appelloient autrefois *Codego*; & c'est par là que nos gens commencerent à s'établir en ce quartier du territoire de *Carthagene*. L'Ile dont je parle a deux lieuës en longueur & à peu pres autant de largeur. Ce Païs étoit habité par des pêcheurs à la venuë des Espagnols; mais on les a détruit entierement, ainsi qu'on a fait ailleurs des habitans du *nouveau Monde*. Cependant les habitans de cette étenduë de Côtes, qui fait partie de l'Audience de *Santa Fé*, où est le *Nouveau Roiaume de Grenade* &c. ont resisté plus longtems & plus courageusement que les autres à la donation de sa Sainteté. Ce Païs abonde en poisson, en fruits & en tout ce qui est necessaire à la vie.

Les

Les habitans s'habillent de toiles de
Cotton. Autrefois tous ces Indiens,
hommes & femmes, alloient à la guerre, & ils pratiquent encore la même
coutume plus avant dans le Païs,
où les Espagnols n'ont pas penetré.
Un certain *Martin Ambise* faisant la
guerre sur les frontieres de *Cartha-*
gene contre les Indiens de *Zenu* y
prit en 1509. une fille de vint ans
qui avoit déja tué de sa mains quinze
ou vint de nos Espagnols. Ces
gens mangent leurs ennemis & se
servent de fléches empoisonnées.
Ceux qu'on n'a pas subjugué sont,
à ce qu'on assure, fort riches. Ils
portent aux bras & aux jambes des
brasselets d'or enrichis de perles. Ils
ont des plaques d'or aux oreilles, &
sur le front.

Entr'autres marchandises, il y a
sur cette Côte, beaucoup de sel,
de poisson, de piment ou poivre de
Bresil; de l'or, des *perles*, des emeraudes & autres choses precieuses,
des bois de teinture, quantité de
fruits &c.

Ces peuples ne connoissoient pas
le commerce avant la venue des Eu-

ropeans : mais on leur a fort bien
apris dans la fuite la valeur de l'or
& de l'argent. On raconte qu'un E-
fpagnol qui avoit faim étant allé
chez un Indien pour achepter un
poulet, & lui aiant prefenté une
Reale en paiement ; l'Indien la prit
entre fes dens en lui difant qu'il étoit
furpris de ce qu'en échange d'une
chofe bonne à manger, on lui en
donnoit une qui ne l'étoit pas. Sur
quoi l'Indien lui rendit fon argent
avec mépris & retira fon poulet.

La Ville de *Carthagene* eft fituée
avantageufement fur la côte à quinze ou dix huit lieuës des petites Iles
de *Saint Blaife*. Cette Ville eft divifée en haute & baffe. La haute
feule s'appelle proprement *Carthagene* ; l'autre s'appelle *Gafimana*, &
c'eft le fauxbourg. *Carthagene* eft
tres bien fortifiée & defenduë de
trois Forts du côté du Port.

Le meilleur & le plus riche commerce de *Carthagene* confifte en perles, que l'on y apporte de la *Mar-
guerite*, fur les Côtes de la *Nouvelle
Andaloufie*. On y porte auffi tous
les revenus que le Roi tire de la *Nouvelle Grenade* & de toute la *Terra-
Fier-*

Firma. Le trafic en perles qui se fait à *Carthagene* est si considerable, que tout un quartier de la Ville n'a d'autre occupation que celle de les choisir, de les percer & d'en faire des colliers & des brasselets. Outre cela on porte de plusieurs Provinces de la *Nouvelle Espagne* à *Carthagene* de l'Indigo, de la Cochenille, du Sucre, de l'or, de l'argent &c. De sorte que cette Ville est une des plus riches & des plus importantes de l'*Amerique*. *Carthagene* est Evêché.

On trouve, comme je l'ai déja dit, entre *Carthagene* & *Sainte Marthe*, une grande Riviere fort rapide & qui se jette dans la mer avec tant de force, sur tout en hyver, qu'elle repousse la marée. C'est une chose dont les vaisseaux qui font voile de ce côté là se peuvent apercevoir facilement. Cette Riviere est connue sous le nom de *Ria grande*, & c'est en la remontant du côté de la *Nouvelle Grenade*, que l'on trouve les mines d'*émeraudes* en la vallée de *Tunia* ou *Tomana*, assés prés de la *Nouvelle Carthage*, & entre les Montagnes de *Grenade* & de *Popayan*.

A

A l'égard des Indiens qui habitent
dans ces terres; il femble qu'ils adorent le Soleil & qu'ils le reconnoif-
fent pour leur principale Divinité.
Ils portent à la guerre, au lieu d'en-
feignes & de banieres, les os de leurs
vaillans hommes tués à la guerre de
la main de leurs ennemis, attachés
à des rofeaux, pour s'animer davantage à la vengeance par la vuë
de ces offemens, & pour fe porter à
imiter la valeur de ces braves. On
affure qu'ils enfeveliffent leurs Rois
avec des Colliers d'or enrichis d'é-
meraudes & qu'ils mettent auprès
du corps du pain & du vin. En
effet on a trouvé fouvent de riches
fepulcres en ces quartiers là. Tous
ces Indiens tuent, & mangent enfuite
leurs ennemis. Ils vivent difperfés &
dans des Cabanes. Leurs Chefs ont
chacun plufieurs femmes, dont la
premiere eft la plus diftinguée, &
les enfans de celle-ci font les feuls &
les veritables heritiers. Ils facrifient
leurs ennemis, & il ne paroit pas qu'ils
aient idée d'une autre vie, ni qu'ils
confiderent celle-ci comme deftinée
à autre chofe qu'aux fens. Ils font
pourtant genereux & donnent libe-
rale-

ralement. Peut-être que fi l'on n'avoit
jamais voulu ufer de violence envers
ces peuples, on auroit pû les affujettir
& les convertir par raifon. On y
envoie des Miffionaires, & , fi on
les en croit, ils y convertiffent des
fept à huit cent Indiens à la Foi ; de
forte que depuis qu'ils y vont tous ces
Païs devroient être abfolument Chrétiens : Cependant le Chriftianifme
de *Terra-Fierma* ne fait pas grand
bruit dans le monde ; mais il n'y a
rien de fi attirant que l'or, & les
pierreries de ces beaux Païs Meridionaux.

Ces Indiens font fort habiles à tirer de l'arc. Ils ne vont jamais à la
guerre & ne fe mettent point en
campagne, qu'ils n'aient pris avec
eux une de leurs principales Idoles.
Avant que de combattre, ils lui facrifient des captifs, ou les enfans de leurs efclaves. Ils frotent
l'Idole du fang de ces victimes humaines, & mangent enfuite la chair
de ces facrifices. S'ils reviennent
victorieux, ils font des rejouiffances, qui confiftent à danfer, & à
chanter des chanfons à l'honneur
des Guerriers. Ces rejouiffances
ne-

ne finiſſent point qu'ils n'aient bû
juſqu'à s'enyvrer d'une boiſſon que
de vieilles & laides ſorcieres d'entr'eux compoſent du ſuc de quelques racines qu'elles mâchent & remâchent. Mais s'ils ſont vaincus,
ils queſtionnent triſtement leurs I-
doles, pour ſavoir d'elles en quoi
elles peuvent avoir été offenſées;
après quoi on recommence les ſacri-
fices à nouveaux fraix.

Après *Carthagene*, *Sainte Marthe*
eſt la ville la plus conſiderable de la
Côte. Elle eſt ſur une branche de
Rio Grande à 11. Degrés de latitude
& à plus de cinquante lieuës de
Carthagene. Cette ville eſt ſituée
entre de hautes montagnes, qui,
malgré la chaleur du climat, ſont
preſque toujours convertes de nei-
ges. On les aperçoit de loin en mer
& cela peut ſervir de reconnoiſſance
aux Mariniers. On a eté quelquefois
inſulté de ce côté là par les Anglois
& les Hollandois.

Roderigo de Baſtidas, qui fut tué
par ſes propres gens, comme il dor-
moit, decouvrit ce canton & s'en
rendit maître en 1524. Les Indiens
ſont ici fort vaillans & fort feroces. Ils

Tom. I.   F   ont

ont chaffé & mal traité fouvent nos
gens : auffi donnerent ils beaucoup
de peine autrefois ; car ils pourfui-
voient à coups de flêches les Efpagnols jufqu'à leurs navires & fe jettoient dans l'eau , pour mieux les
atteindre , fans s'effraier qu'au bruit
& aux coups du canon. Cependant
leurs flêches empoifonnées détruifirent beaucoup d'Efpagnols.

Le havre de *Sainte Marthe* eft
grand & beau ; l'eau y eft fi claire,
qu'on peut apercevoir les pierres du
fond à vint braffes de profondeur.
Deux petites Rivieres s'y déchar-
gent, dont l'une, à proprement parler , n'eft qu'un ruiffeau. On y
trouve quantité de poiffon de fort
bon goût, tant d'eau douce que de
mer : auffi y a t'il beaucoup de pêcheurs. Au refte le tonnerre eft fort
frequent de ce côté là , à caufe de
la chaleur du Païs & de la hauteur
des Montagnes.

Le trafiq de *Sainte Marthe* eft le
même que celui qui fe fait à *Carthagene* & confifte en pierreries , comme faphirs, chalcedoines , jafpes, émeraudes, perles, qui fe pêchent beaucoup en ces quartiers là; en or, en bois
de

de Brefil & autres Bois & en cochenille, indigo &c.

On y trafique auffi beaucoup en
poiffon , en plumes , en coton , &
en fil de *pite*. Les maifons y font fort
propres & parées de nattes de jonc faites avec beaucoup d'adreffe. Ils ont
auffi des tapis tiffus de coton , qui
reprefentent toutes fortes de figures
d'animaux. Les habitans qui font E-
fpagnols venus Europe & Criolles , y
font du même caractere qu'à *Mexique*, à *Carthagene* & aux autres endroits des Indes, aimant la molleffe,
jaloux de leur autorité & de leurs richeffes dont ils font volontiers parade;
du refte pareffeux, volupteux, devots
ignorans ; & tyrannifant les Indiens,
qu'ils ne regardent pas comme des
hommes. Ils font même gloire de le dire.

Tout ce Païs-là eft fort fertile,
tres fain & bien temperé ; l'hyver y
eft inconnu , & l'été n'y donne pas
ordinairement des chaleurs infupportables. Les jours font égaux aux
nuits. Lorfque nos Efpagnols y
vinrent , ils y trouverent de beaux
jardins bien cultivés & même arrofés
de canaux & de ruiffeaux à la maniere Européene.

La

La nourriture ordinaire en ce Païs
là eſt de maïz , de patates & d'yucas , avec divers fruits , le gibier , &
le poiſſon. Outre cela les Sauvages
les plus reculés mangent la chair
de leurs ennemis, & de tems en tems
quelque peu de chair Eſpagnolle.
On y a une ſorte de racine qu'on
nomme *agex* , & qui eſt à peu prés de
la forme & de la grandeur d'un navèt.
Cette racine eſt bonne & d'un goût
qui aproche de celui des chataignes.
L'*yuca* eſt une racine dont on fait du
pain. Celle qui croit à *Cuba* , à *Saint
Domingo* & ailleurs eſt mal ſaine étant
mangée cruë ; au contraire de celle
de *Sainthe Marthe* , qui eſt très ſaine
cruë & ſe peut manger cuite & cruë.
Quand la Racine d'*yuca* eſt venue à
maturité , c'eſt à dire ſix mois après
qu'on l'a plantée , elle eſt de la groſſeur du bras ; mais ce n'eſt qu'au
bout de deux ans qu'on en fait le
meilleur pain. On la preſſe alors
bien fort entre deux pierres , pour en
exprimer le jus , lequel eſt mauvais
& même mortel , lors qu'on le prend
d'abord ainſi exprimé. Ce jus étant
à moitié cuit ſert de vinaigre , mais
quand il eſt cuit juſqu'à devenir
épais,

pais, il eft doux comme du miel. C'eft de la *pulpe* ou du marc de ces Racines qu'on a preffé, que fe fait la *caffave*, qui eft le pain des Iles de l'*Amerique* & d'une bonne partie du Continent. Cette *caffave* écorche le gofier, à moins qu'on ne la détrempe dans de l'eau, ou qu'on ne la mêle avec autre chofe. Je trouve beaucoup meilleur goût au maïz, qui eft fain & auffi *fubftantieux* que notre froment.

Les patates, qui font auffi fort communes dans toutes les *Indes*, font des Racines de la groffeur du bras, quoiqu'il y en ait auffi de bien plus petites. Ces Racines font de bon goût & de bonne nourriture. Leur fubftance tient le millieu entre la chair & les fruits. Les *patates* font venteufes étant cruës. Il y en a qui en font des conferves & des confitures, qui font auffi bonnes que les confitures de coins. On en fait encore des gateaux & des tablettes. Les *patates* croiffent auffi en plufieurs lieux de l'Europe.

Il y a cinquante lieuës de *Sainte Marthe* au *Cap de la Vela.* Le *Cap de la Vela* git à 12. Degrés & à.....

F 3   lieuës

lieuës de *Saint-Domingo*. On trouve
entre *Sainte Marthe* & le *Cap de la
Vela* ,

Le Cap d'*Aquia* ou de l'*aiguille*.
    Ancon de Gacha ,
    Rio de Palominas ,
     Rio de la Hache.
      Rio de Pedra.
      Laguna de S. Juan.

Il y a du *Cap de la Vela* à *Coquibocca*...
lieuës. Ce lieu est une pointe derriere laquelle commence le Golfe de
Venezuela.

Cette Côte , depuis le *Cap de la
Vela* , jusqu'au *Golfe de Paria* a été
découverte par *Chriftofle Colomb* en
1498. A l'égard de *Venezuela* , c'est
un Evêché. Cette Ville a été nommée *Venezuela* à caufe du rapport
qu'elle a à la Ville de *Venife* ; étant
bâtie fur le lac de *Maracaibo* , (comme les Indiens le nomment ,) autrement *Lago de Noftra Senora*.

Il y a fur la rive de ce même lac la
Ville de *Gibraltar* , dont le principal negoce confifte en tabac , connu fous le nom de tabac de *Maracaibo* , & en cacao tres bon. Tout
le Païs eft très beau & fait plaifir à
la vûë. A l'égard des Naturels In-
                    diens;

diens ; les femmes de ces lieux y
font beaucoup plus agréables que
celles des autres lieux voifins. Elles
fe peignent le fein & les bras qu'elles
ont nuds. Le refte du corps eft
couvert d'un linge de coton fin. Elles regardent comme une honte de
fe laiffer decoûvrir le moins du monde. Pour les filles, on les reconnoit
à la grandeur & à la couleur de certains bandeaux, qui chez eux font des
fignes garans de la virginité. Les autres
fignes font aparemment des témoins
auffi fufpects qu'en d'autres Païs.

Les hommes cachent leurs parties
naturelles fous de certaines coquilles. Ils fe fervent à la guerre de
flêches empoifonnées , & de lances
longues de vint-cinq palmes. Ils
ont des couteaux de pierre & de
grandes rondaches d'écorce & de
cuir. Leurs Prêtres leur fervent de
Medecins. Ils font auffi Charlatans
que les notres. La premiere queftion
qu'ils font aux malades c'eft de leur
demander s'ils fe confient en eux &
s'ils croient que les Prêtres les puiffent aider. Après cela ils mettent la
main fur la partie malade , marmottant
methodiquement à leur mode quel-

F 4   ques

ques paroles, font une incifion & donnent quelque breuvage. Si le malade ne guerit pas, le Prêtre ne perd rien de fon credit , & rejette la faute fur le défaut de confiance & de foi du malade , ou fur la volonté de leurs Dieux. *Tant il eft vrai que dans tous les Païs du monde les hommes , quels qu'ils foient, favent emploier la même methode , pour conferver leur credit.*

Il y a 80. lieuës de *Venezuela* au Cap de *S. Romain.* De *Saint Romain* à *Curiane*, qui git dans le *Golfo-trifte*, il y en a cinquante.

Le havre de *Curiane* a du rapport à celui *de Cadix.* Il n'y a que quelques maifons : mais un peu plus avant il y a un village habité par des Indiens d'un naturel affés doux , & que l'on regardoit comme des innocens , parce qu'on affure qu'à l'arrivée des premiers Europeans ces Indiens leur troquerent pour des épingles, des aiguilles , des fonnettes & des grains de verre plufieurs beaux cordons de perles & autres chofes de grande valeur. Ils leur debiterent de même façon les denrées. Ils donnoient un pan pour quatre épingles, pour deux une groffe oie, pour une

une une tourterelle, & ainſi du reſte. J'ai dit qu'on les regardoit comme des innocens ; mais peut-être qu'ils jugeoient des choſes par l'uſage & par la rareté. Cela étant, je ne vois pas qu'ils fuſſent plus innocens que nous , qui jugeons de même. Il nous ſemble à nous autres Europeans, qu'un homme d'un païs fort éloigné, qui parle un autre language, & qui a d'autres manieres, doit penſer tout autrement que nous, & fort ſottement, avoir des idées fort diferentes des nôtres & qu'il doit toujours être deſtitué du ſens commun.

C'eſt ſur ce fondement que nos Eſpagnols ſe croient en droit de traiter fort mal les Indiens, & de les mettre au rang des bêtes. Prevention ſi forte, qu'aparemment on ne la perdra jamais.

CHAPITRE VIII.

Suite de la Côte depuis *Golfo Triſte* juſqu'à la *Nouvelle Andalouſie.*

CE Païs abonde en gibier, les lapins y ſont auſſi grands que

nos

nos lievres. Il y a quantité d'huitres
à perles & même les Indiens mangent de ces huitres. Les Naturels
de cette côte y sont fort adroits à
manier l'arc & la fleche. Leurs ba-
teaux ou canots sont tout d'une piece, comme ceux des autres Indiens:
mais ceux des Caribes de *Saint Do-*
mingo sont beaucoup mieux faits,
Leurs maisons sont de bois & couvertes ordinairement de feuilles de
palmites. Quoiqu'ils soient presque
nuds, ils ne laissent pas de s'expo-
ser hardiment dans les bois, armés
seulement de l'arc & de la fleche:
mais on n'entend pas dire qu'aucun
ait été devoré des bêtes sauvages.

Ces Indiens portoient autrefois
à nos gens autant de cerfs & de
sangliers qu'ils en vouloient. Pendant
que les hommes vont au paturage &
à la chasse, les femmes gardent le logis, ont soin du ménage & de l'en-
tretien de leurs enfans, qu'elles exer-
cent dés le plus bas age aux mêmes
occupations de leurs peres. Ils ont
tous les cheveux fort longs & fort
noirs & les dens fort blanches. Ceux
que l'on n'a pas subjugué confervent toujours leurs manieres de vivre.

vre & leurs coutumes: mais la dureté de nos gens les a rendu mechans
& farouches. Ils fe font retirés plus
loin dans les terres pour fe joindre
aux Indiens de l'interieur de l'Amerique. A l'égard de ceux qui font
encore dans le voifinage de la mer
& dans les lieux que nos gens habitent, ils ont perdu une partie de
leurs ancienes coutumes, de même
que par tout où les Europeens
fe font venus établir. Leur unique
occupation eft de cultiver leurs
champs, de boire & de fe rejouir,
quand ils en trouvent l'occafion : car
l'efclavage, qui étoufe ordinairement
la gaieté, ne leur a pas encore tout à
fait oté cette vivacité qu'on remarque affés dans les Peuples Americains,
& qui à mon avis n'eft pas feulement
l'efet de la bonté du climat, mais auffi du *bien être*, & de la liberté. Je fuis
donc très perfuadé, (quoiqu'en difent
certaines gens,) que fi, au tems de nos
premiers établiffemens, on les avoit
traités en Creatures raifonnables &
créées comme nous à l'image de Dieu,
leur efprit feroit beaucoup plus ouvert, & l'on trouveroit qu'ils ne
font point incapables des arts & des

F 6 fcien-

fciences, comme plufieurs fe l'imaginent. Pour moi j'avoue franche-
ment que je les ai trouvé quelque
fois fort penetrans & concevant a-
vec beaucoup de vivacité. Ils ne
manquent pas de promtitude dans
les reparties, ni d'induftrie en beaucoup de chofes: mais j'ai remarqué
fouvent avec douleur, que c'étoit
un grand malheur pour eux d'être
Indiens : parce que, felon plufieurs
Europeens, *Indien*, *Efclave* & *Bête*
fignifient ordinairement la même
chofe. C'eft fans raifon qu'on rejette la caufe du mépris qu'on fait
de ces Peuples, fur leur attache-
ment aux fuperftitions & fur leur
mauvais temperament. On dit avec
affurance qu'il les porte à une indolen-
ce invincible & les rend laches & in-
appliqués ; de forte que, l'on a
de la peine à leur faire concevoir
plufieurs chofes, & que non feulement on ne peut les gagner au Chriftianifme, mais que même ils ne paroiffent pas *avoir les organes difpofés*
pour les comprendre. (C'eft ainfi que
certaines gens parlent.) Je foutiens
que c'eft fe contredire. Car fi d'un
coté nos Curés fe plaignent ainfi de
                                              la

la ftupidité ou de l'inaplication de
leurs Paroiffiens Indiens : de l'autre
il y a des Miffionaires qui parlent avec
affurance des grans progrés qu'ils
font fur les ames de ces infidelles.
Il faut donc que les uns ou les autres nous cachent la verité & la nature des chofes. Sans cela je ne fais
pas comment on pourroit accorder
ces contradictions. Je reviens à ma
defcription.

On affure que quand les Efpagnols arriverent en ce Pais là, tous
les Indiens portoient au col des rubans de perles & y pendoient diverfes fortes de bêtes & d'oifeaux faits
de pur or, qui leur étoit porté de
Charichieta à fix journées à l'Oueft.
On leur demanda d'où ils avoient cet
or, & ils le donnerent à entendre par
fignes, mais en diffuadant d'y aller;
parce que, (difoient ils,) les gens
du Païs mangeoient ceux qui y alloient.

La Côte près de *Comana*, qui eft
de la *Nouvelle Andaloufie*, eft fort riche en perles. Tout ce païs eft
très beau & delicieux. Il n'y manque ni fruits, ni volaille, ni gibier,
& allant plus avant dans le païs du

F 7   coté

coté de *Val de Saima*, aux Montagnes de *San Pedro* & prés de l'*Orenu-
que*, on assure qu'il y a de l'or en
abondance. Mais on n'ose pas s'aller engager trop avant de ce coté là,
parce que ces Indiens haïssent mortellement les Espagnols & même
tous les Europeans, qu'ils confon-
dent sans aucune distinction sous le
nom de *Chrêtiens*. Ils les assomment, & les mangent impitoia-
blement: mais si l'on avoit vecu sa-
gement avec ces peuples; quelque
farouches & intraitables qu'ils pa-
roissent, on auroit pu faire avec
eux des liaisons de commerce très-
avantageuses, & en tirer avec le
tems des services considerables. J'a-
voue pourtant qu'il y a trois ou
quatre choses où la barbarie de ces
Indiens se manifeste le plus, & qui
seront peut-être toujours un peu dificiles à vaincre. C'est l'artifice de leurs
Piaias, qui sont Medecins & Prêtres en
même tems. J'en parlerai tout à l'heure. 2. Leurs guerres continuelles entre eux & cette fureur avec laquelle ils mangent leurs ennemis. 3. Leur
inclination sans borne pour les femmes. 4. Mais plus que tout cela cette

te prévention extrême qu'ils ont, que
depuis deux cens ans, tous les *Peu-*
ples de la mer (comme parlent les
Indiens) ne viennent que pour les
conquerir & se rendre maitres de
leurs familles & de l'or & de l'argent du Païs, à cause de quoi ils
appellent indiferemment par derision
tous les Europeans *mangeurs d'or.*

Cependant c'est une chose surpre-
nante, à mon avis, que jusqu'à
present ni les Anglois, ni les Hollandois, ni les François n'aient pas
été disputer le terrain de ce côté là,
ni chercher à y établir des Colonies
vers les bouches de l'*Orenoque*, &
plus avant ; le païs étant aussi riche
& aussi bon qu'il l'est & produisant
abondamment tout ce qui est necessaire à la vie & propre au trafiq.
Il faudroit faire peu de fraix & peu
de provisions pour s'y établir ; parce
qu'il y a quantité d'excellent bois
de charpente, de coton, de fil de
pite, & de plus ce païs abonde en
fruits, viandes & poissons. On remarque pourtant, que vers *Camama*
les habitans, & sur tout les naturels,
y sont sujets à des vertiges & à des
éblouïssemens, & cette incommodi-
té

té vient, dit on, des eaux de *Cuma-
ma.*

Chacun renferme & borne ses
Terres avec une espece de rets tissu de
Bexuco, qui est une sorte de coton, &
on éleve jusqu'à demi-hauteur d'un
homme cette muraille d'invention
nouvelle pour nous. Ce seroit parmi les Indiens un grand crime d'avoir
passé ce rets & celui qui le romproit
ou le déféroit, mourroit, disent ils,
très sûrement de mort subite. On
voit par là, que malgré nos Casuistes
des Indes, qui ne trouvent que stu-
pidité & brutalité parmi les Americains, ces Peuples conservent toujours les principes de l'équité : mais
Il y a certainement plus de malice &
plus de brutalité dans ces jugemens
peu charitables, que je n'en ai trouvé mille fois dans la conduite des
Indiens.

Les hommes, comme je l'ai déja
dit, vont à la chasse des bêtes sauvages, pendant que leurs femmes
vacquent à la culture des chams,
sement leur *maïz*, & plantent des
patates, & des *Yucas* &c. On voit
en ce païs là un arbre qu'on taille
pour en tirer un suc blanc comme
du

du lait, & qui fe convertit enfuite
en une gomme excellente. Il y en
a un autre que les-Indiens nomment *Guarima*, dont le fruit reffemble aux mûres, quoiqu'il foit plus
dur. Ils tirent de ces arbres une liqueur bonne contre les rhumatifmes
& les refroidiffemens, & du bois ils
en font fortir du feu. Il y en a plufieurs autres rares & inconnus en
Europe, qui reffemblent aux cedres,
& dont le bois, qui eft odoriferant,
eft propre à faire des meubles,
mais le pain & les viandes qu'on y
renferme en tirent une amertume fi
grande, qu'il eft impoffible d'en manger enfuite. Ce bois feroit encore
propre pour des navires , parce
qu'il ne fe corrompt point dans l'eau
& qu'il refifte à la vermine. Il y a
enfin de la *Caffia* & quantité de ro-
fes & d'herbes odoriferantes, dont
l'odeur eft fi forte , qu'elle entête
& furpaffe celle du mufc. Mais avec
tous ces agrémens, il n'y manque
pas d'infectes, tels que les fauterelles
& les hanetons, qui gatent les grains
& les arbres. Il y a auffi en ce païs
là des veines de charbon de pierre
dont on peut tirer de l'utilité.

A

A l'égard de leurs mœurs, ils
aiment naturellement à boire, ils font
fort foumis, & fort craintifs, mais
ils fe reffouviennent toujours de l'é-
tat de leurs ancêtres, fort diferent de
celui où ils vivent prefentement. La
tradition, qu'ils ont foin d'en conferver entre eux, paffera aparemment
jufqu'à la fin des fiecles: & peut-
être verra t'on un jour ces peuples
plufieurs autres du Nouveau Monde
fecouer le joug European, lorfqu'ils
auront rencontré ce fatal moment
impenetrable à la fagacité des hommes, où les peuples voient des lueurs
favorables à leur liberté. Dans les
jours de folemnité ils fe rejouiffent
à danfer, & ils conduifent ces danfes
en faifant diverfes poftures bizarres
& des geftes affés plaifans. Ceux
qui font fous le joug paroiffent
Chrétiens, les autres font idolatres
& adorent le foleil & la lune, qu'ils
regardent comme mariés enfemble.
Ils ont peur du tonnerre & des é-
clairs & croient alors que Dieu eft
courroucé contre eux. Cette pén-
fée n'eft pas extraordinaire, & d'ailleurs il y a peu de gens, qui dans les
orages fe trouvent à l'abri de la
craint

crainte. Ils ont encore beaucoup
de peur, quand il y a éclipse de foleil ou de lune. Ils jeunent alors,
les femmes fe tirent & s'arrachent
les cheveux, s'égratignent au vifage, fe batent & fe piquent les bras
jufqu'au fang avec des areftes de
poiffon. Quand la lune décroit a-
prés le plein, ils difent qu'elle a été
bleffée par le foleil courroucé, &
que ces deux Aftres ont eu de
groffes querelles enfemble. Ils croient
que les Cometes préfagent quelque
grand malheur, & c'eft ce que nous
croions en general auffi bien qu'eux.
A l'aparition d'une Comete ces Idolatres font un bruit affreux pour la
chaffer.

Ils attachent leurs enfans nouveaux nés à une certaine figure qui
eft faite comme une Croix de Bour-
gogne, pour les garentir des acci-
dens nocturnes : mais je ne fai s'ils
pratiquent cela par précaution ou
par quelque fuperftition. Leurs Prêtres
font de grans & fignalés impofteurs,
qu'ils nomment *Piaias* ou *Boies.* Ces
Prêtres, beaucoup moins bêtes & fauvages qu'on ne penfe, ont entr'autres
fonctions la commiffion d'expedier
le

le pucelage des jeunes filles qui fe
marient. C'eft une plaifante chofe
que le gout & la mode en cette occafion. En Europe on recherche a-
vec avidité ce que l'on fuit très foi-
gneufement aux Indes: car on affure chez les Indiens, que c'eft un
grand crime de ne pas ceder aux
Prétres cette fleur fi chere & fi rare
en nos quartiers. Je crois très fe-
rieufement que cette opinion eft un
éfet de la fuperftition de ces pauvres
idolatres & de la tyrannie des Prêtres. Il y en a bien parmi nous qui
voudroient peut-être {qu'un tel facri-
fice devint un point de Religion.

Outre cette charge, leurs Boiés onf
encore celle de guerir les malades
& de deviner par des fortileges. Ils
gueriffent avec des herbes & des
racines cruës ou cuites, qu'ils mêlent avec la graiffe d'oifeau, de poiffon ou de bêtes à quatre pieds. A
tout cela ils ajoutent je ne fai quel
bois inconnu & accompagnent ces
compofitions d'une gravité qui fe
trouve affés chez tout le monde, quand
on veut perfuader quelque chofe
d'extraordinaire. Ils marmotent en
même tems diverfes paroles pour aider

der à l'operation du medicament
qu'ils font avaler au patient. Ils fucent auffi l'endroit qui fait mal au
malade, pour en tirer, difent-ils,
l'humeur corrompue. Et fi après cela la guerifon ne fuit pas, ils lui font
entendre qu'il eft poffedé. Alors
ils le frotent vigoureufement par tout
le corps, recommencent à marmo-
ter, conjurent l'efprit, & pour le
chaffer fucent frequemment & a-
vec force. Ils frotent enfin la bouche, le col & l'eftomac de leur malade avec une telle vigueur, que l'eftomac fe vuide & même jufques au
fang. Si avec cela le malade meurt,
c'eft que le Soleil eft en colere.
Il faut que ces peuples foient
bien robuftes pour pouvoir refifter
à des operations fi violentes. Ce
qu'il y a de plaifant eft que pendant qu'un *Piaia* fait fon office avec
une gravité fans pareille, les autres
Prêtres crient, heurlent, pleurent,
foupirent & batent des pieds en faifant mille grimaces des plus rifibles.
Vis à vis de la côte il y a l'Ile de
Cubagua qui a trois lieuës de tour &
gît à douze Degrés de latitude Septentrionale à quelques lieuës de
Punta

Punta d'*Arva* où il y a beaucoup de
fel. Le terroir, quoi qu'égal, y eft
fterile, & l'on n'y trouve que des
oifeaux de mer & des huitres à perles, dont il y avoit telle quantité
au tems de la découverte, qu'on en
apporta d'abord pour la valeur de
plufieurs millions en Efpagne.

L'étendue de cette côte depuis la
pointe d'*Arva* jufqu'au Cap de *Salines* eft de foiffante-dix lieuës. Il y a
entre deux le Cap des *trois pointes.*

Depuis le Cap de *Salines* a.... il
y a foiffante douze lieuës, à peu prés.

C H A P I T R E IX.

Où l'on décrit les Païs fitués le long
de la Côte vers le Golfe de *Paria*
en tirant vers le *Brefil.*

QUoique je n'ai été qu'en fort peu
d'endroits de la côte que je vais
décrire, & que même je n'aie été en ces
endroits qu'en courant, pour ainfi
dire, le lecteur ne fera pas faché
peut être, que je lui en aprenne ce que
j'en ai moi même apris de ceux qui
ont voiagé long-tems de ce côté là.

L'Ile de la *Trinité*, qui git au débouquement du Golfe de *Paria*, fut
ainfi

ainfi nommée à caufe d'un voeu
que Chriftofle *Colomb* y fit étant en
danger. D'autres difent qu'il la
nomma ainfi à caufe qu'il aperçût là
trois montagnes, comme il cherchoit
de l'eau douce pour fes gens. La bouche du Golfe s'appelle *Boca de Draco*,
Bouche du Dragon, à caufe du rava-
ge des Courans en cet endroit.

Toute la côte de *Paria* tirant vers
le Sud eft le païs le plus beau & le
plus fertile qu'il y ait dans les Indes Occidentales. On peut dire
que c'eft une efpece de Paradis. Ce
païs eft plat & abonde en tout tems
en fruits, fleurs & herbes odoriferantes.
Les arbres y font toujours verds,
comme chez nous au mois de Mai
& en été. Mais il y a peu d'arbres
fruitiers qui foient fains : parce que
l'air y eft fort humide, ce qui attire
beaucoup d'infection & de mauvaifes exhalaifons. Il y a auffi quantité de vers, de mouches & de fauterelles. Les hommes qui vont prefque nuds portent leurs parties naturelles dans une efpece d'étui, &
l'on affure que dans les lieux non fre-
quentés des Efpagnols ils ornent
ces étuis d'or & de perles. Les femmes

mes mariées fe couvrent d'un tablier de coton que les Efpagnols appellent *Pampanillas.* Les filles fe fervent de bandes de côton pour le même ufage. Plus avant dans le païs les Caciques prennent autant de femmes qu'il leur plait, en telle forte qu'ils en retiennent pourtant une comme legitime, & celle-ci commande aux autres. Les autres Indiens en prennent trois ou quatre, & l'on affure que quand elles font devenues vieilles, ils les renvoient & en prennent de jeunes. Les femmes n'y ont pas cette liberté. C'eft une injuftice: car fi les hommes n'aiment pas les vieilles, les femmes ne s'accommodent pas mieux des Vieillars. J'en appelle à l'experience des deux fexes. Pour la virginité, ils la laiffent aux Boiés, ainfi que je l'ai déja dit. Je ne dis rien de leurs mœurs, ni de leur nourriture. Il n'y a aucune diference d'avec ce qui fe pratique dans la *Nouvelle Andaloufie.* Ils fe percent le né, les levres & les oreilles pour y mettre des anneaux, des plaques & des coquilles. Ils fe peignent le corps de rouge & de noir. Leurs lits ou hamacs font de

co-

coton. A la campagne ils ont toujours du feu à l'un des côtés de ce lit, pour se garantir du froid de la nuit, qui eſt fort ſubtil & fort penetrant en ces quartiers là. Ces Peuples, comme ceux de la N. *Grenade* & de la Nouvelle *Andalouſie*, ſe gueriſſent par la friction & par des vomiſſemens violens. Les rhumatiſmes & la corruption des humeurs du corps cauſée par l'exceſſive chaleur du jour, qui ſe change en un froid piquant dans la nuit, rendent aparemment l'uſage de la friction & celui du vomitif neceſſaires à ces Peuples. Quelque ridicules que nous paroiſſent les uſages des Americains dans la cure des maladies, il faut ſuppoſer qu'il y a quelque raiſon legitime qui les autoriſe. C'eſt cette raiſon qu'il faut chercher, avant que de comdamner temerairement tout ce qui nous paroit abſurde: car il eſt beaucoup plus aiſé de ſe moquer d'une choſe & de la comdamner enſuite, que d'en juger.

Avant que de finir cette premiere partie de mes Voiages je ferai un rapport exact des diſtances de cette côte.

De *Puerto Anegado*, qui git à 8 degrés

G

grés, à *Rio dolce* à 6 degrés, il y a 50
lieuës.

De *Rio dolce* au grand *Fleuve des
Amazones* il y en a cent dix : de forte
que l'on compte huit cens lieuës d'Efpagne en l'étendue de la côte, depuis
Porto-Belo jufqu'au fufdit Fleuve, dont
l'embouchure a plus de quinze lieuës
de large.

Entre *Puerto Anegado* & ce Fleuve il y a *Rio grande*, *Rio dolce*, *Rio
de Canoças*, *Corrientes*, *Rio de Anco-
nes*, *Rio de laguertos*, *Rio d'Efquibe*,
Cofta brava, *Cap de Corrientes*, *Rio
de Caribas*, *Rio de Canoana*, *Rio d'Ar-
boledas*, *Rio de Montanas*, *Rio d'Aper-
cellado*, *Baia de Canoas*, *Atalaia*,
Rio dos fumos, *Rio de Pracel*, *Rio d'Ya-
poko*, *Bahia de Vincent Pinçon*, *le Cap
du Nort*. C'est là que fe jette dans
la Mer ce grand Fleuve, qu'on
peut appeller une mer douce. Des
Voiageurs foutiennent que le Fleuve des *Amazones* & le *Maragnon* ont
une même fource dans la Province
de *Quito* prés de *Mullabamba*. Suivant *Orellana* ce Fleuve des Amazones a quinze cens lieuës de cours.
Il fuivit cette grande étendue d'eau
douce avec une peine extréme jufqu'à

qu'à son embouchure en la Mer du
Nord. Je ne dirai pas autre chofe
de ce Fleuve , dont je n'ai point de
connoiffance.

CHAPITRE X.

Des Caufes de la decadence des Efpagnols *aux* Indes Occidentales.

JE crois que j'ai déja fait connoître affés la mauvaife adminiftra-
tion des affaires Civiles & Ecclefiaftiques dans les *Indes Occidentales* :
cependant je vais m'étendre encore
plus particulierement fur cet article.

Il eft certain que les Efpagnols
doivent la rapidité de la Conquête
de l'*Amerique* à la fraieur fubite &
prefque miraculeufe, que les Indiens
eurent à l'aproche de leurs nouveaux
hôtes. Il y a grande aparence, que
fans cela nous y aurions eu beaucoup
plus de peine; mais l'artillerie incon-
nue jufqu'alors aux Americains, & la
Difcipline militaire, que nous enten-
dions mieux que ces gens là , nous
fraierent avec une rapidité extra-

ordinaire le chemin jufqu'à la *Mer du Sud* & même jufqu'au *Chili* & jufqu'au Détroit de *Magellan*. Cette facilité dans nos conquêtes contribua dès lors à la negligence, qui, depuis ce tems-là, s'eft fi fort accrue par le luxe & l'oifiveté de nos gens, qu'elle eft prefqu'inconcevable. Comme nos gens méprifoient fouverainement les Indiens, & qu'il s'en falloit peu qu'on ne les regardât comme une efpece d'être mitoien entre l'homme & la bête; on crût que des Païs conquis avec tant de facilité ne fe perdroient pas de même; & l'on avoit quelque raifon de le croire, parce qu'en ce tems-là l'*Efpagne* n'aiant point de rivale fur Mer, il n'y avoit rien à craindre que des Indiens mêmes, qui n'étoient pas capables de tenir tête à nos Conquerans. Dans la fuite nous eumes encore moins à craindre, parce que la Monarchie d'Efpagne devint formidable à toute l'*Europe*: & quand elle a ceffé de l'étre, les interéts & la politique ont fi fort changé, qu'on a été obligé de nous laiffer paifibles poffeffeurs d'un bien qui pouvoit nous être enlevé avec autant de facilité

cilité que nous nous l'étions acquis.
Voila, suivant mon opinion, la
premiere caufe de la decadence des
Efpagnols en *Amerique.* En voici
d'autres qui ne font pas moins réel-
les. Dés que l'on eut un pied dans
le *Nouveau Monde*, il s'y introduifit
une infinité de pillars & de garnemens, qui, fous le nom de foldats,
ravagerent ces beaux Païs, pillerent
les threfors des Indiens, tourmente-
rent les habitans & leur enleverent
leurs biens & la liberté, fous mille
prétextes indignes du Chriftianifme
& de la generofité Efpagnole : deforte que plufieurs de ces Nations,
qui au commencement étoient af-
feétionées aux Efpagnols, font devenues dans la fuite leurs plus mortels
ennemis. Ces pillars, que je ne puis
nommer autrement, ruïnerent dès
le commencement l'Autorité du Roi,
& empêcherent par leur méchante
conduite tout le bien qu'on devoit at-
tendre de l'amitié des habitans naturels. L'Autorité Roiale étant mal
foutenue par ces mauvais fujets du
Roi, & cette facile abondance
qu'ils avoient trouvée les aiant jetté
dans toutes fortes de vices, leur

G 3   or-

orgueil les accoutuma à regarder les
Indiens comme des esclaves, & même
comme un bien acquis à la pointe
de l'épée, ce qui acheva de nous
détruire dans l'esprit des Americains.
Il est donc tres sûr que ces Peuples
ne demanderoient pas mieux que de
secouer le joug de la servitude,
sous lequel ils gemissent autant aujourd'hui que leurs Ancêtres autrefois : & je suis assuré que si quelques
bonnes troupes bien disciplinées en-
troient dans le Païs par certains endroits, comme, par exemple, du
côté de *Costa Rica*, où sont les Indiens appellés *Indios de guerra*; du
côté de la Province de *Guatimala*,
soit en suivant la côte sur la *Mer du
Sud*, ou en y allant par la *Mer du
Nord*, & traversant l'Isthme; je suis,
disje, assuré, qu'on feroit revolter
ces Peuples, les esclaves Negres, les
Mestices, & même peut-être plusieurs Crioles. Il faudroit alors leur
fournir des armes, de la poudre,
du plomb &c. les traiter avec douceur, genereusement & d'une maniere desinteressée, pour leur ôter,
s'il étoit possible, cette prevention
où ils sont, que les Européens n'en
veu-

veulent qu'à leurs richeffes. Ceux
qui habitent dans la *Nouvelle Anda-*
loufie , & dans la *Guiane* , ceux des
environs du *Perou* , & ceux du Chili
ne font pas dans une meilleure difpofition pour nous. Ils fouhaite-
roient tous de voir la fin de leur
fervitude ou de leur crainte , & ce
defir fait que tous les jours il s'en fauve
un grand nombre dans l'interieur des
terres & dans des montagnes inacceffibles, d'où il s'en dêtache de tems en
tems des troupes pour dêtrouffer &
affommer les voiageurs Efpagnols.

Il eft très fur encore que la molef-
fe produite par les delices du *Nou-*
veau Monde , & l'avidité infatiable
des pillars ont comme étoufé l'Autorité Roiale en plufieurs cas impor-
tans : car il n'eft que trop vrai que
cette Autorité y eft fouvent mepri-
fée par les Officiers Roiaux, à caufe
de l'éloignement du Prince , & que
fes loix y font interpretées felon que
l'interét de ces Officiers le demande.
Les Vicerois s'entendent avec les
Officiers fubalternes. Des gens infe-
rieurs prêtent la main à ceux-ci dans
l'occafion. L'exceffive dureté des
Corregidors, qui a déjà fait deferter

G 4   tant

tant de malheureux afoiblit auffi la puiffance Roiale dans le *Nouveau Monde* ; car d'un coté ces tyrans épuifent les pauvres Indiens par leurs exactions , & de l'autre ils aneantiffent la juftice en recevant des prefens; vendant même la juftice au plus offrant & donnant gain de caufe à celui qui païe le mieux. J'ai vû plus d'une fois de pauvres gens de plufieurs lieux confiderables au defefpoir par cette conduite qui les reduifoit à l'indigence. Mais c'eft à quoi les * Juges, les Commis & mê- me les † Gouverneurs n'ont gueres d'égard, ainfi que je viens de le dire, & d'ailleurs il y en a de fi ignorans qu'ils favent à peine lire. J'ai vû un Juge à *Porto-Belo* qui jugea pour & contre de la même maniere & pref- qu'à la même heure, fans vouloir comprendre qu'il y eut de la diffe- rence , quelque explication qu'on pût lui donner. A la fin fortant de fon ignorance comme d'un fonge profond , il fe leva fur fon fiege en retrouffant fa mouftache & jurant par la Sainte Vierge & par tous les Saints, *que les chiens de Lutheriens*

Au-

* *Corregidors.*   † *Regidors.*

Anglois lui avoient enlevé parmi ses livres ceux du Pape Justinien dont il se servoit pour juger dans les causes équivoques : mais s'ils reviennent, ajouta-t-il, d'un air grave, je les ferai tous brûler.

Comme l'Authorité du Roi est mal soutenue & ses deniers mal administrés, il en resulte que les Places importantes, telles que sont la *Vera-Cruz*, la *Havane*, *Porto-Belo*, *Panama*, *Carthagene*, *Callao &c.* sont mal munies, presque sans soldats, sans armes, sans magasins. Les soldats sont tres mal vêtus, & mal assortis ensemble; les uns trop vieux, les autres trop jeunes. Enfin ce sont des gens ramassés au hazard. Ils n'ont point de païe reglée, & leur grande ressource est de piller les Indiens. On ne leur fait point faire l'exercice comme en Europe. Ils n'ont aucune discipline & on les prendroit pour des voleurs de grans chemins bien plutôt que pour des soldats. A l'égard des fortifications, il n'y a point d'ingenieurs.

Il n'y a dans les Indes que de mauvais artisans pour tout ce qui regarde la guerre & même pour

beau-

beaucoup d'autres chofes. Par
exemple il n'y a perfonne qui s'y
entende à faire de bons inftrumens
pour la Chirurgie. On y ignore entierement la fabrique de ceux qui
regardent les Mathematiques & la
Navigation.

Le Commerce n'y confifte qu'en
des fraudes continuelles, parce qu'il
n'y a aucune regle bien établie, &
s'il y en a, l'avarice des Gouverneurs
& des riches Negocians les méprife.
Le Quint de l'or & de l'argent qui
eft dû aux Coffres du Roi y eft fouvent fraudé, & il n'y a point de
Marchandife dont il ne refte plus d'un
quart des Droits qu'elle doit, entre les
mains des *Corregidors &c.* D'ailleurs il
n'y a point de vraie fubordination dans
le commerce & chacun le fait à fa
mode, pourvu qu'il ait foin de graif-
fer la pate aux Gouverneurs. Les Officiers, même les foldats, y negocient
auffi comme il leur plaît, & malgré
les Ordonnances Roiales, ce qui a
favorifé extrémement les Anglois &
les François des Colonies établies
dans les Iles, & a fait au contraire
beaucoup de tort aux Efpagnols.
Les enregitremens des Marchandifes

y

y font faux la plufpart du tems , &
pourvû qu'on ait un paffeport des
Corregidors ou autres Officiers Roiaux,
on laiffe paffer outre la Marchandife,
quelque vifible que foit la fraude.

Les Curés , Prêtres , Religieux
&c. fe mêlent auffi de trafiquer, &
ces gens y font impunément beaucoup de defordre , parce qu'ils font
regardés comme des perfonnes fa-
crées , auxquelles on n'oferoit toucher
fous peine de la damnation éternelle.
Ils ne fe contentent pas de trafiquer
eux mêmes, ils prêtent auffi la main à
une infinité d'abus , & ils arrachent
fouvent aux Indiens, fous mille prétextes , ce qu'ils gagnent au jour la
journée. D'ailleurs il y a dans les
Indes une infinité d'Ecclefiaftiques
& de Moines qui font à charge à
l'Etat, les uns par leur conduite dé-
reglée, & les autres par leur faineant-
tife. Les Curez y font infupportables par leur avarice & par leur molleffe. Leur nombre extraordinaire
ne diminue que trop les Finances du
Roi ; car ils ont tous de bonnes
penfions. Cependant ils pourroient
vivre largement des dixmes & des
au-

autres droits qu'ils retirent, ainſi
que je l'ai inſinué ci devant.

L'Ignorance des Eccleſiaſtiques
n'eſt pas moins affreuſe que leur mauvaiſe conduite. Ils ne ſont point du
tout lettrés, & ne ſavent que quelques
mots de Latin qu'ils appliquent par
tout, bien ou mal. Auſſi ne ſont ils
aucun uſage de la lecture, & toute
leur occupation conſiſte à batre la
Carte, à boire du chocolath, & à
faire la viſite de leur Diocese; non
pour l'inſtruction des ames, mais
pour voir d'eſcroquer quelque choſe
aux pauvres Indiens, outre les dixmes & les revenus annuels. D'où
l'on peut juger comment les Americains ſont inſtruits dans la Religion
par ces gens là, & c'eſt ce que j'ai
fait voir aſſés dans cette Relation.

Enfin les abus qui ſe commettent
dans ce Nouveau Monde ſont ſi generaux & ſi étendus, qu'il faudroit,
pour les reformer, refondre le Corps
Civil & le Corps Eccleſiaſtique, tous
les Religieux ſans exception. Mais
comme il y a peu d'aparence à cette
reforme, je ne doute pas que les
af-

affaires des Indes n'aillent de plus en plus en decadence.

CHAPITRE XI.

Des Mœurs & de la Religion des Creoles *& des* Espagnols *des* Indes.

IL seroit fort facile de faire le journal des occupations de ceux qui vivent à leur aise dans les Indes Occidentales. Ils n'en ont point : car je n'appelle pas occupations passer sa vie à dormir, à boire du Chocolath, & à s'user auprés des femmes. On pourroit fort bien dire à des gens qui n'ont pas d'autres affaires dans la vie, *que Diable êtes vous venus faire dans le Monde ?* J'ai déja dit qu'ils sont glorieux ; ils le sont jusqu'à l'ennui. Quelques gueux qu'ils soient, à les entendre parler ils sont tous Nobles. Il est ordinaire de rencontrer de miserables coquins, qui tachent de relever leur misere par une moustache qu'ils retroussent fierement en vous regardant sous le nés, une coquarde usée & une vieille épée rouillée, d'une longueur

G 7   ex-

excessive, qu'ils prennent de tems en tems par la garde avec une gravité sans pareille, en faisant la *Gamba dritta*. Si l'on fait semblant de ne les pas voir, ils vous jettent une œillade des plus severes, & vous regardant avec dédain du coin de l'œil, ils vous disent en jurant, *Por Dios soy hidalgho como el Rey, dineros no tantot. Par Dieu au bien près je suis noble comme le Roi.* Avec cela ils sont ignorans sans honte, & si charmés de ne rien savoir, qu'ils ont toujours pour réponse à ce qu'ils n'entendent pas, *Valghame Dios, estas son heregas Lutheranas.* Aussi les idées qu'ils ont des choses sont elles extraordinairement ridicules, & si vous ajoutés à cela l'ardeur du climat qui leur brule souvent la cervelle, on dira d'eux sans leur faire tort, qu'ils n'ont presque pas le sens commun.

Il leur est défendu d'avoir des livres. Il n'y en a que tres peu dans les Païs de la Domination Espagnole, excepté des Heures, des Missels & des Breviaires qui font pour les Ecclesiastiques. Ceux-ci font entendre au peuple que tous les livres *de los Franceses y Ingleses* font heretiques,

&

& qu'il faut les jetter au feu. On voit
bien qu'ils craignent eux mêmes beaucoup le venin de cette herefie, car
ils font les plus ignorans de tous les
hommes.

Un Creole trouva par hazard à
Porto-Belo les *Metamorphofes d'Ovide*,
qu'il n'entendoit pas. Il remit ce li-
vre à un Moine de Saint François
qui ne l'entendoit pas mieux peut
être. Soit malice, foit ignorance,
il fit acroire aux habitans de *Porto-
Belo*, que c'étoit une *Bible Angloife*:
& pour preuve que c'en étoit une,
il leur montroit les figures de chaque Metamorphofe, en difant, *voi-
là comme ces chiens adorent le Diable,
qui les change en bêtes.* Après cela
cette prétendue Bible fut jettée dans
un feu allumé exprés, & le Moine
fit à ces bonnes gens un beau difcours
qui confiftoit à remercier Saint François de cette heureufe découverte. Il
eft fort ordinaire aux Creoles, qui demeurent plus avant dans le Païs, &
qui ne voient que tres rarement des
étrangers, de croire que les Heretiques Lutheriens font noirs, qu'ils ont
les ongles crochues, des cornes à la
tête, une longue queuë au derriere:
&

& les Curés ne les en desabusent pas
Ceux des Indiens que l'on convertit, & qui persistent de bonne
foi dans la Religion que les Moines
ou les Curés leur ont enseignée, n'en
sont pour cela pas moins idolatres:
car ils adorent & servent nos Saintes
Images comme autant de Dieux. Les
Curés le souffrent, & disent que cela
vaut encore mieux que s'ils n'étoient
pas baptisés. *Le Saint*, ajoutent
ils, *aura pitié d'eux & les delivrera
pour l'amour de son Image*. L'avarice
de ces Ecclesiastiques trouve
son compte dans ces abus; car ces
Images leur valent de bonnes aubaines. L'envie de faire des Chrétiens
est cause que les Missionaires tolerent
d'autres abus aussi grossiers pour le
moins: mais ils paient quelquefois
bien cherement cette envie. Les Sauvages, qui ne sont pas toujours d'humeur de se convertir, massacrent quelquefois ces Missionaires; & quand ils
ont le bonheur de se sauver de leurs
mains, ils reviennent en fort mauvais état. J'avoue qu'il y a des Missionaires de bonne foi, qui ont à
cœur la gloire de Dieu & le salut
des Ames des Idolatres. Ceux-là
sont

font en petit nombre. Tous les autres cherchent dans les converſions
l'augmentation de leurs revenus &
leur profit temporel.

Les ſermons ſont pleins de bou-
fonneries plates & groſſieres. Les
Fêtes ſont encore plus ſcandaleuſes.
Etant à Carthagene, le jour de la
Proceſſion du S. Sacrement, j'eus
occaſion de voir comment on y pro-
phanoit cette Sainte Ceremonie. Des
gens maſqués y faiſoient toutes ſortes de geſtes boufons; quelques uns
culbutoient devant le S. Sacrement,
& d'autres faiſoient le moulinet. On
y portoit des chats & des cochons,
enmaillotés, qui en miaulant & en gro-
gnant compoſoient avec les voix humaines un concert des plus imperti-
nens. L'*Enterrement de Chriſt* & toutes
les ſolemnités de la ſemaine Sainte ſont
à peu prés auſſi édifiantes que la ſo-
lemnité du S. Sacrement. Il ne faut pas
oublier la Meſſe de Minuit à Noël : Les
Religieux y danſent au ſon des Inſtru-
mens, de même que les ſeculiers, &
cela avec les geſtes & les grimaces ordinaires aux Maſcarades du
Carnaval. Les uns ſe déguiſent en
Diables, les autres en Anges. Ces
An-

Anges & ces Diables se disent souvent de grosses injures & les accompagnent presque toujours de coups de poins & de croquignoles : mais les Diables sont enfin batus & chassés. Alors on recommence la Musique, qui est accompagnée de Chansons qui repondent fort bien à la celebration de la Fête.

Un Creole qui meurt doit premierement ordonner par son Testament bon nombre de Messes pour le salut de son ame. S'il lui reste quelque chose après cela, il le laisse à les proches ou à ses creanciers, s'il en a: mais l'ame est toujours la principale Heritiere. Il arrive souvent que les Curés ou les Couvens heritent de de tout ce qui reste ; ou qu'ils partagent le bien avec l'ame du défunt.

Les Prêtres & les Moines ont grand soin de détruire tout ce qui reste de monumens Indiens. Ils disent que ces monumens ne servent qu'à conserver le souvenir de l'Idolatrie. Ils ont raison en un sens. Le Cardinal Ximenés étoit dans le même goût, lors qu'il fit détruire avec tant de soin les livres & les autres monumens

de

de la Religion Mahometane dans le
Roiaume de Grenade ; fans avoir
égard à la beauté de ces monumens.

J'ai dit que la Polygamie eft un
grand obftacle à la converfion des
Indiens. Quand on leur parle de cet
article, ils nous répondent. *Vous*
voulés qu'étant devenus Chretiens,
nous nous contentions d'une feule femme,
& que nous la gardions jufqu'au jour
de fa mort, quoi qu'elle nous devienne
inutile quand elle eft vieille & infirme.
Mais vous autres Européans, qui gar-
dés vos femmes pendant qu'elles font en
vie, vous avés des Maîtreffes, &
vous voës celles qui font communes.
(C'eft ainfi qu'ils défignent les femmes publiques.) *C'eft comme fi vous*
changiés de femmes. Laiffés nous donc
vivre à la maniere de nos peres, car elle
eft auffi bonne que la votre, & nous
ferons Chrétiens comme vous.

Cet article me fournit une occafion naturelle de parler des fuites
de la débauche de mes Compatriotes.
C'eft la verole. Malgré le guaiac, cet
excellent prefervatif, beaucoup d'E-
fpagnols en font pourris jufqu'aux os,
auffi bien que les Portugais, & ils la
tranf-

tranfmettent à leurs enfans comme
un heritage. Ce mal fi commun &
fi dangereux pourtant éfaroucha d'a-
bord nos Anceftres ; mais les def-
cendans s'y font fort aprivoifés, & la
verole , toute funefte qu'elle eft, a le
privilege d'être regardée aux Indes
comme la fievre en Europe. J'ai
connu quelques Creoles qui s'étoient
mis dans l'efprit de la conjurer en
quelque façon , comme on conjure
le Diable. On peut dire que la chair
étoit combatue en eux entre une
efpece de crainte de Dieu & la crainte de la verole. Comment accorder
enfemble l'amour de la Religion &
l'amour des femmes ? Ils fe mettoient
donc fous la protection de la Sainte
Vierge , avant que d'aller voir leurs
Maîtreffes, fe muniffoient d'*agnus* &
de grains benis. Prêts à recevoir les
dernieres faveurs de l'amour, ils difoient devotement quelques Oraifons
& des Ave. Les fignes de Croix fui-
voient:mais malgré ces faintes precau-
tions,je les ai vû revenir très fouvent
auffi poivrés que les moins dévots des
Indes.Il falloit avoir recours au guaiac,
& le plutôt n'étoit que le mieux ; car
quand le mal avoit pris de trop pro-
fon-

fondes racines tout le guaiac du monde ne l'auroit pas arraché.

Ce détail fufit maintenant. Je re-
mets le refte à la feconde partie de
ma Relation.

F I N.

De la Premiere Partie.

VOYA-

VOYAGES

DE

FRANÇOIS COREAL

AUX

INDES OCCIDENTALES

SECONDE PARTIE.

CHAPITRE PREMIER.

L'Auteur paſſe au BRESIL *& ſejourne
à la* BAIE DE TOUS LES SAINTS.
*Deſcription de la Ville. Deſcription
des Routes &c.*

 Près avoir ſejourné quelque
tems parmi les Anglois
Flibuſtiers, je voulus revoir ma patrie. Je m'embar-
quai pour cet effet à la *Jamaique* ſur
un vaiſſeau Anglois qui repaſſoit en
Europe. Nous partimes le 13 Mai
1684

1684. & nous arrivames heureufe-
ment en *Angleterre.* d'où je repaffai
en *Efpagne.* M'étant rendu à *Car-*
thagene, je trouvai tous mes parens
morts: Depuis 18 a 20 ans que je n'a-
vois vû mes amis de College, ils a-
voient pris parti de côté & d'autre.
Les uns s'étoient mariés, les autres s'é-
toient allés établir en d'autres endroits
de l'Efpagne. Quelques uns étoient en
Flandres & en Italie, & quelques autres devenus plus riches & plus fiers,
ou aiant changé de gout & d'inclination
ne me reconnoiffoient plus. Je fongeai
alors à recueillir le peu de bien qui me
revenoit de la maifon de mon Pere, &
dés que j'eus mis ordre à mes petites affaires je pris le deffein de m'en aller en
Portugal pour m'embarquer fur la Flò-
te allant au Brefil.

. Nous partimes au mois de Juillet
1685 & nous arrivames heureufe-
ment à la *Baie* le 31 Octobre, après
trois mois & onze jours de navigation.

* *Bahia de todos los Sanctos*, ou *Ciu-*
dad da bahia eft la Capitale du *Brefil.*
C'eft un lieu de grand commerce
pour les Portugais & de grand abord
pour les marchandifes qui s'y trafiquent, telles que font les toiles grof-

* *San Salvador.*   fes

fes & fines , les baies , ferges , & per-
petuanes ; les chapeaux, bas de foie
& de fil; les bifcuits, farines, froment ;
les Vins de *Porto à Porto* &c les huiles ;
beure, fromage; les Bateries de cuifine,
Efclaves de Guinée &c. Pour toutes ces chofes on y reçoit en retour
de l'or, du fucre, du tabac, du bois
de teinture, de Brefil & autres, des
peaux , des huiles , des fuifs , du
Beaume de *Copahi* , de l'*Hippecaque-
vana* &c. Cette ville fi avantageu-
fe aux Portugais eft fur une hauteur
de 80 toifes , qui dépend de la côte
Orientale de la *Baie de tous les Saints.*
Cette hauteur eft très dificile & l'on
s'y fert, pour monter & defcendre
les marchandifes du port à la ville,
d'une efpece de grüe. Le Terroir de
la ville eft fort inegal, & la pente des
rues eft fi dificile, que des chevaux
attelés à des voitures ne pourroient
s'y foutenir.

L'abord à la ville eft defendu
par les forts de *Saint Antoine* & de
Sainte Marie, quoique pourtant on
puiffe aifément éviter la portée du
canon de ces deux forts, à caufe de
la largeur du canal. La ville eft en
general bien fortifiée ; mais la garni-

fon, qui confifte en des foldats Portugais bien faits & propres à tout
excepté au métier de la guerre, eft
mal difciplinée & adonnée à toute
forte de luxure. Ce font la plufpart des garnemens fans cœur, auffi
dangereux affaffins qu'ils font laches.
Les Habitans de la ville ne valent
pas mieux. Ils font volupteux,
vains, fuperbes & rodomons, laches,
ignorans, & fort bigots. Ce n'eft pas
qu'ils ne paroiffent courtois & polis
dans leurs manieres, mais ils font fi
chatouilleux fur le point d'honneur,
fi jaloux fur le chapitre des femmes
& fi vains fur leur grandeur,
qu'il eft très dificile, pour ne pas
dire impoffible, de s'en faire des a-
mis. Les femmes font moins vifibles qu'au *Mexique*, à caufe de la
grande jaloufie des maris, mais elles
n'en font pas moins libertines, & elles
mettent, pour venir à bout de leur
paffion, toutes fortes de ftratagemes
en œuvre, quoiqu'aux depens de leur
honneur & de leur vie: car fi elles
font furprifes dans le crime, leurs
maris les poignardent, fans qu'il en
foit autre chofe, & leurs peres ou
ou leurs freres les proftituent. Elles
de-

deviennent alors des courtifannes
publiques, également au fervice des
Blancs & des Noirs. Si la précaution des Maris n'empêche pas les in-
trigues de leurs femmes, celle des
peres n'empêche pas que les meres
ne prétent leurs fecours charitables
aux filles auffi-tôt qu'elles font nubiles. Il eft même fort ordinaire aux
meres de queftionner leurs filles fur
ce qu'elles font capables de fentir à
l'age de douze ou treize ans & de les
inviter à faire ce qui peut émouffer
les aiguillons de la chair. Les puce-
lages font à l'enchere à *San Salvador* &.
s'y paient très cherement, à caufe
qu'ils font enlevés de fort bonne heure,
& *que la fleur de virginité doit fe cueil-
lir*, difent elles, *dans fes premieres
années, afin qu'elle ne fe flétriffe pas.*

Avec de telles mœurs, on ne laiffe pas que d'être très religieux
quant à l'exterieur. Les Eglifes y
font frequentées, la confeffion y eft
fort commune, fans doute à caufe
de la multitude des péchés. Le faf-
te de la Religion fe montre dans tout
le dehors. Je n'ai point vû de lieu
où le Chriftianifme parut avec plus
d'éclat qu'en cette ville, foit par la
H 2 richeffe.

richeffe & la multitude des Eglifes,
des Couvens & des Religieux, ou
par l'équipage devot des Gentilshommes, des Dames & des courtifannes & generalement de tous les
citoiens de la *Baie.* On n'y marche
point fans un Rofaire à la main, un
chapelet au col & un faint Antoine
fur l'eftomac. On eft exact à s'a-
genouiller au fon de l'*Angelus* au milieu
des rües : mais en même tems on a
la précaution de ne point fortir de
chez foi fans un poignard dans le
fein, un piftollet dans la poche, &
une épée des plus longues au coté
gauche : afin de ne pas perdre l'occafion de fe vanger d'un ennemi tout
en difant fon chapelet.

Je me trouvai un jour à la *Baie* dans
la Maifon d'un *Chriftian veio* de bon
exemple aux Portugais par fa devotion, mais auffi peu charitable
dans fes actions, que fuper-
ftitieux,& bigot dans tout fon exterieur. Je me trouvai disje chez cet homme, un jour qu'il faifoit déchirer
à coups d'aiguillon un pauvre Negre, pour avoir renverfé une taffe de
chocolath. Pendant ce tems là cet
homme religieux avoit fur fa table
un

un Crucifix devant lequel il difoit,
fes oraifons : mais il êtoit tourné de
forte qu'en même tems qu'il faifoit
fes devotions, il avoit la cruelle fatisfaction de voir déchirer fon efclave & d'entendre les cris de ce mife-
rable.

Ces malheureux Negres font
traités avec la derniere barbarie.
Non feulement on les vend publique-
ment, mais on les étale nuds, & on
les examine avec autant de foin &
de fens froid qu'on examine un che-
val chez les maquignons. C'eſt quelque chofe de plaifant & d'infolent
en même tems, que de voir un Portugais parcourir le corps d'un efclave avec les lunettes fur le nés, &
examiner fcrupuleufement toutes les
parties du corps d'un Negre ou d'u-
ne Negreffe. Après qu'on les a achep-
tés, on peut les tuer pour la moindre chofe, & quand ils font vieux,
on trouve fouvent affes de prétextes
pour s'en défaire comme d'un vieux
chien. Cependant il y a quantité de
ces efclaves à la *Baie* & je ne doute
pas que, fi ces malheureux avoient
du cœur & de la refolution, ils ne

puſ-

puſſent un jour tailler de l'ouvrage aux Portugais du *Breſil*.

L'ignorance des Religieux eſt pro-digieuſe, & les idées qu'ils donnent de la Religion ſont ſi groſſières & ſi charnelles, pour ne pas dire brutales, qu'il eſt difficile de ne pas rire de leurs contes. Il y en avoit un qui s'aviſa de me racconter une fois fort ſerieuſement la peine qu'il avoit eue pour faire ſortir du Purgatoire l'ame d'un vieux coquin de Portugais. Il me diſoit donc, " que ce pauvre
" malheureux étoit damné à tous les
" Diables, avec les Lutheriens & les
" Idolatres, s'il n'étoit venu à
" ſon ſecours : car quoi qu'il
" eut vecu ſaintement pendant ſa vie,
" & qu'il n'eut jamais oublié de di-
" re ſon roſaire à l'honneur de *Saint*
" *Antoine* & de *Nueſtra Senora*: cepen-
" dant Jeſus Chriſt avoit de grands
" griefs contre lui, parce qu'il ne le
" prioit jamais. Il y a grande aparence,
" continua-t'il, qu'il y avoit un com-
" plot formé pour conſumer ſon a-
" me dans le feu ; ſi un jour que je
" diſois mon Chapelet à l'honneur
" de *Nueſtra Senora*, elle ne
" m'eut aparu pour me dire le malheur

„ heur de ce pauvre homme. Va-t'en
„ au plus vite, ajouta t'elle, dire des
„ Meſſes pour ſon ame, & fais ſa-
„ voir à ſes enfans, que s'ils ne font
„ une donation du quart de leur hé-
„ ritage à l'Egliſe du Couvent *d'os*
„ *Barbudos*, (c'eſt ainſi qu'ils appel-
„ lent les Capucins de l'Ordre deſ-
„ quels étoit le Religieux qui par-
„ loit,) je ne puis fléchir mon fils:
„ car la ſentence de damnation eſt
„ luë contre lui en preſence de Dieu
„ le Pere. Je partis donc de ce pas;
„ je dis une, deux, trois, quatre Meſſes,
„ ſans que cete ame branlât entre
„ les mains des Diables qui la vou-
„ loient enlever. A la cinquième, un
„ Diable fit une grimace. A la ſixié-
„ me ils lacherent tous deux le
„ pied: à la ſeptième ils crierent en
„ écumant de rage; à la huitième
„ l'ame donna un coup de poing à l'un
„ des deux Diables. A la neuvième
„ elle leur donna des croquignoles:
„ mais à la dixieme, Zeſt, je l'arra-
„ chai d'entre leurs grifes, & vous
„ envoiai d'un coup les deux Dia-
„ bles en Enfer, & l'ame du Portu-
„ gais au Ciel. „ Voila les contes
dont ils honorent la Religion & dont

H 4   .   j'oſe

J'ofe dire qu'ils fe paient eux mêmes, parce qu'ils font très ignorans, & que la chaleur du climat leur échaufant la cervelle
les rend capables d'imaginer toutes
fortes d'extravagances. Par exemple, pour donner au peuple u-
ne idée de la Religion, il leur eft
fort ordinaire de faire des réprefen-
tations & des decorations burlef-
ques aux Fêtes des Sains. Ils ont
des farces, où ils les mettent aux
mains avec les Diables. Une fois
ils reprefenterent Saint François courant après le Demon & le fouëtant
avec un Crucifix, pendant que
Notre Dame difputoit dans un
chariot de bateleurs avec un S.
Dominique noir & barbouillé comme un forgeron, & faifant mille poftures infolentes.

Dans toutes les *Indes* la prémiere chofe qu'il faut faire, c'eft de
s'attirer la protection des Moines &
des Jefuites. Les uns & les autres
y font très puiffans & d'une intrigue à toute épreuve. Ces derniers
font fi fort refpectés, qu'il fufit que
le nom de Jéfus, que porte le ca-
chet de la Societé, paroiffe fur des
ba-

balots de marchandifes, pour les
faire paffer fans examen, quelque
fraude qu'il y ait. De forte qu'il fe
commet impunément une infinité de
tromperies fous la protection de ces
bons Peres, à qui l'on eft fouvent
obligé de paier en recompenfe la
valeur de cent pour cent. La fai-
neantife & l'ignorance de nos Efpagnols & des Portugais contribuent
beaucoup à l'autorité de tous ces
Religieux, qui n'ont garde de manquer de faire un point de Religion
du pouvoir immenfe qu'on leur laiffe: car aux Indes quand on eft maître
abfolu de la confcience d'un homme, on l'eft auffi de fa bourfe.

La molleffe des habitans de *San Sal-*
vador & la pente des rues, qui eft fort
roide, leur fait regarder l'ufage de marcher comme une chofe indigne d'eux.
Ils fe font porter dans une efpece
de lit de coton à raifeau, fufpen-
du à une perche longue & épaiffe, que deux Negres portent
fur leurs épaules. Ce lit eft couvert d'une Imperiale, d'où pendent
des rideaux verds, rouges ou bleus.
On y eft fort à fon aife, la tête fur un chevet & le corps, fi
H 5   l'on

l'on veut, sur un petit matelas fort proprement piqué.

L'air de *Bahia de todos los Santos* n'est pas des meilleurs, à cause de la chaleur violente du Climat, qui cause aux habitans, & sur tout aux nouveaux venus, des maladies ardentes. Les vivres n'y sont pas bons, & les fruits sont si exposés aux ravages des insectes qu'on a de la peine à y en cultiver de mediocres. Ce n'est pas que la paresse des Habitans ne pût surmonter ces defauts par l'industrie; mais dans les *Indes* on aime bien mieux dormir, & cajeoler les Dames, que s'occuper à la moindre chose pénible.

Le *Bresil* contient diverses Provinces, qui sont pour la plus part aux Portugais, & s'étend depuis le 2. D. de Latitude Nord au 25. Les vens de mer y moderent pourtant l'ardeur excessive du soleil, aussi bien que les brouillars, qui rafraichissent l'air pendant les premieres heures de la matinée. Tout ce Païs est divisé en Capitainies, où il y a des Colonies des Portugais, comme *Tamaraca*, *Pharnambuq*, *Bahia de Todos los Santos*, ou *San Salvador*, *Puerto Seguro*, *Espiritu Santo*,

Pa-

Paraiba, *Rio Janeiro* *S.Vicente* &c. *Phor-*
nambuq eſt près du Cap de *S. Auguſtin.*
C'eſt un lieu de grand trafiq pour les
Portugais , qui en aportent du ſucre ,
du bois de Breſil , des cuirs &c. Le
Cap de *S. Auguſtin* git à 8 degrés
de latitude Meridionale & a été découvert au mois de Janvier de l'année 1500. par *Vincent Janes Pinzon.*
C'eſt l'endroit de toute l'*Amerique*
qui avance le plus vers l'*Afrique.* On
ne compte que 500 lieuës depuis le
Cap vert en *Afrique* juſqu'à cette côte du *Breſil.*

On compte cent lieuës de ce *Cap* à
Bahia de todos los Santos , qui git à
13 degrés moins quelques Minutes.
Voici les lieux qui giſent entre deux.
San Alexio , *San Miquel* , *Rio d'A-*
guada , *Rio Francisco* , *Rio de Cann-*
fiſtola, ainſi nommée parce qu'il y a
quantité de Caſſé , *Rio real* , *Rio de*
Tapuan , *Povoucan.* On compte à
peu près cent autres lieuës , de la
Baie de tous les Saints aux *Abrolhos* , ou
Cabo dos Baixos. Il y a entre deux
Rio de S. Giano, os ilheos Capitainie, *Rio de*
Sant Antonio, *Rio de Santa Crux* , *Puerto*
Seguro &c. Après cela on trouve en-
tre *Cabo dos Baixos* & *Cabo Frio* , *Puerto*
H 6 *dal*

dal aguado, Rio dolce, Reios magnot, Spiritu Santo. De là on vient à *Tapanuri* & puis à *Paraïba.* La côte a des fables qui cachent de mauvais écueils. C'eft de ce côté là que demeurent les *Ovetacates* Peuple fauvage & cruel. Les *Mackes* fuivent, où la côte eft auffi pleine d'écueils. Il y a dans ce parage trois petites Iles pleines d'oifeaux fi privés, qu'on les peut prendre à la main & les tuer à coups de bâton.

Cabo Frio eft un fort bon havre, où les *Topinamboux* demeurent. On trouve là beaucoup de poiffons à fcie & de jolis perroquets. Un peu plus loin eft *Rio-Janeyro* & *Bahia fermofa.* Les François y ont autrefois negocié & ils y avoient un Fort. L'Embouchure y eft de fix lieuës d'Efpagne & de trois ou quatre un peu en dedans des terres. Cette embouchure eft dangereufe à caufe de quelques écueils. On paffe prés d'un Cap qui n'a pas plus de 300 pas de largeur, qui defcend de biais d'une montagne, qui reffemble à une pyramide. A deux lieuës & demie d'Efpagne d'une Ile que les François ont habitée autrefois, & où l'on trouve enco-

encore quelques ruines d'un fort, il
y en a une autre que l'on appelle la
grande Ifle, que des *Topinamboux* habitent. Elle a trois lieuës de circuit.
On en trouve encore quelques autres
qui ne font pas habitées, où l'on pêche de bonnes huitres. Les Sauvages ont contume de fe plonger en la
mer le long du Rivage & d'arracher
à belles dens les pierres autour des-
quelles ces huitres fe tiennent fi fort
attachées, qu'on a de la peine à les
en ôter. Elles font fort bonnes à
manger & l'on trouve en quelques u-
nes de petites perles que les Sauvages nomment *Lempes*. La mer y a-
bonde en poiffons, fur tout en barbeaux & cochons de mer. Il y a des
Baleines aux environs. Là fe jettent
auffi deux rivieres d'eau douce, le
long defquelles & des deux côtés il
y a plufieurs *Aldejas* ou villages des
Sauvages. Plus loin de là & allant vers
Rio de la Plata ou trouve un golfe
decouvert autrefois par les François.

CHAPITRE II.

De quelques Sauvages du Bresil *& de leurs manieres.*

CEs Peuples font fubdivifés en plufieurs autres, fous le nom de *Margajates, Ouetacates, Makkes, Tapuies, Toupinamboux* &c. Les *Margajates* & en genéral tous les Brefiliens mangent leurs ennemis. Ils vont nuds & fe frotent tout le corps avec une certaine liqueur noire. Les hommes portent leurs cheveux en couronne comme les Prêtres, & fe percent la levre inferieure, où ils mettent une pierre, qui eft une efpece de jafpe verd. Cela les rend fi diformes, qu'on diroit qu'ils ont deux bouches. Je ne puis concevoir le fujet de ce bifare ornement. Les femmes laiffent croitre leurs cheveux & ne fe percent point les levres, mais bien les oreilles, & cela de telle maniere, qu'on y mettroit le doit tout entier. Elles y mettent des offelets blancs & des pierres qui leur pendent fur les épaules. Il y a
chez

chez les *Margajates* beaucoup de *bois
de Brefil.*

Les Ovetacates, qui font toujours
en guerre avec leurs voifins, ne foufrent pas que perfonne vienne trafiquer chez eux. Quand ils ne fe fen-
tent pas les plus forts, ils fuient de
telle forte qu'il n'y a cerf qui coure
plus vite. Ils vont nuds. Ils ont cela
de commun avec les autres Brefiliens, & ceci de particulier qu'ils
laiffent croitre leurs cheveux jufques
fur le milieu du dos, excepté qu'ils
les coupent un peu fur le front. Ils
mangent la chair crue comme les
chiens. Ajoutés à cela leur air fale
& dégoutant, leur regard farouche,
leur phifionomie qui tient de la bête.
La nature, qui toute fimple & fans
ornement eft quelquefois fi agreable,
eft bien laide & bien choquante en
ces Sauvages.

Ce Peuple a un languáge particulier, affés different de celui de fes
voifins. Son naturel fauvage &
barbare eft caufe qu'on ne lui aporte pas beaucoup de chofes. On ne
s'y fie que de loin & muni de quelques armes à feu, afin d'émouffer,
par la terreur que ces armes leur in-
fpi-

spirent, un apetit defordonné, qui
fe reveille à la vuë de la chair de
Portugais. On fait les échanges à
quelques centaines de pas les uns
des autres de cette maniere-ci. On
porte en un endroit neutre également éloigné des troqueurs la marchandife qui fe negocie. On fe la
montre de loin fans dire mot, & chacun va prendre ce qu'il doit avoir en
retour. Il y a tout à la fois de la dé-
fiance & de la bonne foi dans cette
maniere de negocier : mais d'ailleurs
ces Sauvages ont affés de lumieres
pour fe défier des Portugais.

CHAPITRE III.

Des autres Brefiliens Naturels *& de leur façon de vivre.*

EN general les Brefiliens nous reffemblent pour la taille. Ils font
bien proportionnés de corps, mais
plus robuftes que nous & peu fujets
aux maladies. On ne trouve chez-eux
gueres de paralytiques, ni d'eftropiés,
ni d'aveugles, ni de boiteux, ni de perfonnes contrefaites. Plufieurs vivent,
dit-

dit-on, jufqu'à cent vint ans. Je le
crois prefque, car ils vivent fans
foucis & n'accumulent pas pour l'a-
venir. On n'en voit gueres qui deviennent gris, preuve d'un air bien
temperé & qui n'eft fujet ni au grand
froid, ni à la corruption. Les arbres
& les Campagnes y font dans une
verdure éternelle, & les Sauvages
toujours également gais. Ils font
heureux de ne connoître ni l'avarice
ni les autres paffions qui en dépendent: mais ils connoiffent à fond la
vengeance & toutes fes fuites. Leur
teint n'eft pas noir, mais brun comme celui des Efpagnols. Hommes,
femmes, enfans, tout y va nud, excepté qu'aux jours de fêtes & de rejouiffances ils fe couvrent de la ceinture en bas avec une toile ordinairement bleue & raiée. Ils pendent à
cette toile des fonettes qu'ils prennent en troq des Portugais, ou de
petits os fort durs. Ce font leurs
inftrumens de Mufique & l'oreille
des Brefiliens y eft faite. En tems
de guerre ils endoffent une efpece
de manteau de peau : mais excepté
ces occafions ils font toujours nuds
comme des vers. Ils commencent
main-

maintenant à cacher ce qu'on doit cacher.

Ils ne se laissent aucun poil sur le corps & s'il en vient, ils l'arrachent avec des pincettes ou le coupent avec des ciseaux que les Portugais leur fournissent: mais ils conservent une touffe de cheveux derriere la tête, qu'ils laissent pendre quelquefois jusques sur le milieu du dos. Ils ont la levre inferieure percée dès leur enfance, & l'on y passe pour l'ornement un os blanc comme de l'yvoire. Cet os se tire & se remet quand on veut. Lorsqu'ils sont venus en age d'homme, au lieu de cet os ils passent dans le trou de la levre du jaspe ou une émeraude batarde & l'accommodent de telle sorte qu'elle ne puisse tomber. Cette pierre est quelquefois de la longueur du doit. Quelques-uns ne se contentent pas d'une pierre ou d'un os dans la levre; ils en enchassent dans leurs joues & cela fait un efet bien desagreable, sur tout aux yeux de ceux qui n'y sont pas accoutumés. Ils ont le né plat & ils le font tel à leurs enfans dès qu'ils sont nés. Cela leur paroit fort beau. Ils se peignent le corps

corps de plusieurs couleurs. Les
jambes & les cuisses sont peintes en
noir, de sorte qu'on diroit de loin
qu'ils portent de culottes noires aba-
tues sur les talons. Le suc avec lequel ils se noircissent ainsi ne peut
s'effacer de fort long tems. Ils portent au col des colliers d'osselets
blancs comme albatre. Ces os sont
de la forme d'un croissant. Ils les
enfilent en de petits rubans de coton : mais pour la diversité ils portent quelquefois au lieu d'osselets de
petites boules d'un bois noir & re-
luisant, dont ils font une autre sorte
de collier. Comme ils ont quantité
de poulets dont la race leur est venue d'Europe, ils en choisissent les
plus blancs & leur ôtent le duvet,
qu'ils teignent en rouge, puis ils se
l'apliquent sur le corps avec une gomme fort tenante. Ils se parent aussi le
front de plumes de plusieurs couleurs.

Il y a au Bresil un oiseau noir comme la corneille, que les Sauvages
nomment *Tochan*. Cet oiseau a autour du col de petites plumes tres
fines jaunes & rouges. Ils se les
apliquent quelquefois sur les joues
avec de la cire : mais cet ornement
est

eft refervé pour les jours de ceremonie. Ils habillent de cette façon leur
vifage lorfqu'ils vont à la guerre, ou
quand ils celebrent une fête. Une
des plus folemnelles c'eft lorfqu'on
doit tuer un homme pour le manger.
Alors, afin que rien ne manque à la
folennité du jour, ils font une efpece
de chaperon de plumes vertes, rouges, jaunes, & s'en ornent fort proprement les bras, de maniere qu'ils
femblent parés de manches de ve-
lours bigarré. Ils ornent de pareilles
plumes leurs *Tacapes*, qui font
de ce bois dur & rouge que nous
apellons *Bois de Brefil*. Sur leurs é-
paules ils mettent des plumes d'autruche. Ceux qui entr'eux veulent
paffer pour gens de reputation, &
qui ont mangé beaucoup d'ennemis,
fe font des taillades & des balafres à
la poitrine & en d'autres endroits du
corps. Après cela ils y font penetrer
une poudre noire qui rend ces balafres hideufes. A voir ces taillades
de loin on les prendroit pour des
pourpoins déchiquetés à la mode de
nos Peres. Il faut avoir de la patience de refte pour fe taillader ainfi
par vanité ; mais qu'on ne s'y trom-
pe

pe point : ces taillades ne leur font
pas plus de mal qu'en font aux Pele-
rins qui viennent de Jerufalem les
marques qu'ils fe font imprimer fur
la main ou fur le bras. Quand ils
font en réjouiffance, ils prennent
provifion de certains fruits qu'ils
nomment *Ahouai*. Ils les creufent &
les empliffent de petites pierres ; enfuite de quoi les enfilant à des cordons ils fe les attachent aux jambes
& danfent au fon des *Ahouai*. Ils
ont encore dans les mains, outre ces
Ahouai, des calebaffes creufes, pleines auffi de petits cailloux. Ils attachent ordinairement ces callebaffes
au bout d'un baton & fe donnent
l'effor à la mufique des cailloux. Ce
digne inftrument s'appelle *Maraque*.

Les femmes vont nues comme les
hommes, & fe coiffent avec une coi-
fure de coton : mais fans que cela
les empeche d'avoir les cheveux é-
pars fur les épaules. Elles ne fe percent ni les levres, ni les joues, mais
pour leurs oreilles, elles font percées
à y paffer le doit tout entier, & l'on
les orne de pendéloques de coquilles
fi grandes, qu'elles pendent fur les
épaules & jufques fur la poitrine.
Elles

Elles se fardent à la Bresiliene, c'est
à dire qu'elles se peignent la face de
plusieurs couleurs. Ces femmes
portent aussi des brasselets de petits
os fort proprement joints ensemble
avec de la gomme & de la cire. Pour
les habits, quand on leur en presente
elles s'excusent de les recevoir, en
disant qu'elles n'ont pas l'usage d'en
porter, & que cela les empêcheroit
de se baigner. C'est ce que les Bresiliens font plusieurs fois dans le
jour. Ils plongent comme des
canars. Si, pour se divertir, on presente des habits à ces Bresilienes, elles
s'en habillent par complaisance, mais
de retour chez elles, elles se desha-
billent fort vite & courent ensuite
toutes nues sans honte de côté &
d'autre.

A l'égard de ce qu'on pourroit
penser, que cette nudité provoque
à luxure, il semble au contraire
qu'elle rende moins luxurieux, & je
crois que la parure des femmes Eu-
ropéénes excite plutôt la convoitise
des hommes, que la simple & gros-
siere nudité des Indienes. Il est bien
vrai que cette nudité frape d'abord
les nouveaux venus, mais ils s'y
ac-

accoutument bientôt : la convoitise se dégoute, & l'on reprend plutôt que l'on ne croit le sens froid de la chasteté. Quoique puisse être ensuite ce que l'on voit, l'œil n'en est pas moins tranquile.

Les Bresiliens se nourrissent ordinairement de deux sortes de racines; l'*Aipy* & le *Maniec*. Au bout de trois ou quatre mois qu'on les a plantées, elles sont hautes de demi pied pour le moins, & grosses comme le bras. Etant hors de terre les femmes les sèchent au feu sur ce que les avanturiers apellent un *boucan*. On les ratisse avec des pierres aigues, comme on ratisse des navets, & la farine qu'on en tire est du gout de l'amidon. On cuit cette farine dans de grans pots en la remuant jusqu'à ce qu'elle devienne épaisse comme de la bouillie. Ils en font de deux sortes, l'une qu'ils font cuire jusqu'à ce qu'elle soit presque dure, afin de la garder pour la provision. Ils en usent à la guerre. L'autre n'est que legerement bouillie & a le gout du pain blanc quand elle est fraiche. Cette bouillie est fort nourrissante, mais ni l'une ni l'autre ne valent rien pour

pour faire du pain. On en peut bien
faire du levain comme celui de froment, mais ce levain cuit se brule
& se séche par dehors, & reste entierement mol au dedans. De l'une
& de l'autre farine aprêtées avec du
jus de bonne viande on en fait un
mets assés aprochant du ris bouilli.
De ces mêmes racines pilées fraiches
& pressées ensuite ils en tirent un jus
blanc comme du lait, & ce jus mis
au soleil s'y resserre en sorte qu'il
devient propre à étre cuit & mangé
comme des œufs. Ils rotissent aussi
& mangent beaucoup d'*Aipy*. Cette
racine se ramollit & a le gout des
chataignes. Pour le *Manioc* il faut
le reduire en farine & le cuire, sans
quoi il seroit fort dangereux à manger. Ces deux racines sont à peu
prés comme un petit genevrier, &
leur feuille ressemble à la *Pæonia*.

Leur bruvage est un extrait de ces
deux racines & de maïz : mais les
femmes seules ont le privilege de le
composer, car les Bresiliens croient
que s'il étoit fait par des hommes, il
auroit un fort mauvais gout. On
coupe ces racines par tranches comme les navets. On fait ensuite bouil-
lir

kr toutes ces tranches en des pots
jufqu'à ce qu'elles foient molles. Les
femmes, qui font affiffes autour de
ces pots, mâchent & remâchent ces
racines molles & les jettent dans un
autre pot deftiné à cela. Ces racines y font une autrefois bouillies &
bien remuées avec un bâton, auffi
long tems qu'elles le jugent neceffaire. On verfe aprés tout cela en un
autre pot où elles font pour la troifieme fois bouillies & écumées. Cette liqueur eft converte enfuite &
confervée pour leur fervir de boiffon. Elles font de même façon un
breuvage de maïz, que ces fauvages nomment *Caouin*. Ce breuvage
eft trouble, épais & prefque du
gout du lait. Ils en ont de blanc &
de rouge comme nos vins.

. Quand on s'affemble pour quelque feftin, (& ce feftin eft ordinairement le preparatif au maffacre de
quelque captif dont la chair doit
fervir à les regaler,) les femmes font
du feu auprés des vaiffeaux où eft
ce digne breuvage. Elles ouvrent
enfuite un des pots & en puifent
en une courge que les hommes prennent en danfant & qu'ils vuident

d'un

d'un feul trait. Ils retournent ainfi
tour à tour aux pots avec les mêmes
ceremonies , jufqu'à ce que tout
foit vuidé. Trois jours fe paffent
ainfi à boire, chanter, fauter & danfer. De tems en tems ils exhortent
à ne pas manquer de courage contre
l'ennemi , & alors ils interrompent
les danfes & la boiffon pour écouter
ces exhortations. Les Brefiliens ont
cela de particulier , qu'ils mangent
& boivent en divers tems. C'eft à
dire qu'ils s'abftiennent de manger à
l'heure qu'ils boivent & de boire à
l'heure qu'ils mangent. Alors ils
s'abftiennent auffi de traiter d'affaires
& s'il y a quelque chofe à dire, on ren-
voie aprés le repas. Je crois que
l'on s'imagine affés que les aprêts de
ces repas ne font pas exquis. Des
bras, des jambes, des cuiffes d'hommes affommés, ou maffacrés, voila
leurs grans mêts dans les jours de
fête , comme je l'ai déja dit : mais
pour l'ordinaire on fert l'*ouipou* &
l'*ouientan* (ce font les deux bouillies de farine dont j'ai parlé) dans
un pot où toute la famille fourre la
main tour à tour. Le *caouin* fe boit
de même. Ils mangent quand ils ont
faim

faim , & boivent quand ils ont foif;
car il n'y a pas d'heure fixe pour leur
repas. Quand on a mangé on parle
de fes affaires; comme d'aller attaquer celui-ci ou celui-là, de le prendre, l'engraiffer & enfuite l'affommer
pour le manger. Les plus voifins
des Portugais commencent aujour-
d'hui à s'humanifer & ne mangent
plus tant les gens.

CHAPITRE IV.

Des animaux du BRESIL.

LE *Brefil* a divers animaux inconnus chez nous ; par exemple le
Tapiroffou. C'eft un animal qui tient
du bœuf & de l'ane. Il a le poil long
& roux & n'a point de cornes. Son
col eft court , fes oreilles longues &
pendantes , fes jambes roides & tortues ; l'ongle telle que celle de l'ane
& la queue courte. Il a les dens
aigues , mais il ne fait point de mal ,
car il fuit devant les hommes. Les
Sauvages le pourfuivent à coups de
fléches ou l'affiegent dans fon trou

I 2   pour

pour avoir fa peau qu'ils font fécher
au foleil pour en faire des boucliers:
car par la chaleur du foleil elle s'en-
durcit de telle forte, qu'on ne peut
la percer à coups de fléches. La
chair de cet animal a prefque le gout
du beuf.

· Le *Secouafan* eft une efpece de
cerf un peu plus petit que les nôtres.
Il a les cornes petites & le poil pendant comme les chevres.

Le *Tajoffou* reffemble au pourceau;
il a la tête les oreilles & les pieds de même, les dens groffes & aigues dont il
fait beaucoup de mal; mais il eft grê-
le & maigre, parce qu'il écume extraordinairement. Cet animal eft
laid & diforme, mais ce qui le rend
fingulier c'eft un trou au dos, par où
il refpire comme les cochons de mer.
Ce *Tajoffou* eft de la hauteur d'un
cochon.

Il y a au *Brefil* une autre efpece
de cerf auffi differente du nôtre. C'eft
l'*Agouty*, qui a l'ongle fourchue, la
queue courte, les oreilles dreffées comme le lievre. La chair de cet *Agouty*
eft de fort bon gout.

· On y voit encore le *Tapiti*. C'eft
un animal qui reffemble à nos lievres.

vres. Il a le poil roux. On trouve dans les bois certains rats aussi
grands que des Ecurieux, & dont
la chair est du gout de nos lapins.
Une bête nommée *pag* ou *pagua* y
a la tête fort laide & une fort belle peau, qui est tachetée de blanc
& de noir.

Le *Sarigai* est un animal puant,
dont la chair est pourtant fort bonne quand on a ôté les rognons où
se trouve l'infection.

Le *Tatou* ou *Armadille* est aussi
d'assés bon gout. Il a la chair blanche. Le *Jacara* est une espece de
crocodile, ou plutôt de gros lezard. Il ne nuit pas & il s'en trouve frequemment dans les maisons.
Les petits Bresiliens jouent sans
crainte avec ce *Jacara*. Pour les
Crocodiles du *Bresil*, ils ont la gueu-
le large & afreuse, la queuë fort
mince au bout, les pieds assés hauts
& épatés. On y voit encore une
espece de lezard marqueté & long
de quatre à cinq pieds. Ces le-
sards sont raisonnablement gros &
fort laids. Ils se tiennent dans les
rivieres & dans les marais comme
les grenouilles, sans pourtant faire

au-

aucun dommage. Les Naturels du
Païs les nomment *Tovous*. On ne les
trouve pas trop mauvais au gout.
La chair en est courte & blanche,
comme la chair du chapon. Ces
Sauvages mangent aussi de certains
gros crapauds rotis au *boucan* & des
serpens longs de cinq pieds pour
le moins & aussi gros que le bras.
Il s'en trouve d'autres , principalement dans les Rivieres, longs, menus & verds comme l'herbe, où ils
se cachent quelquefois. Leur pi-
qure est fort dangereuse.

Un animal nommé *Janowara* n'y
vit que de proie. Cette bête ne
ressemble pas mal à nos levriers par
la hauteur & la *gracilité* des jambes,
& sa vitesse à la course. Elle porte sous le menton une espece de
barbe à long poil, & a la peau tachetée. Ce *Janowara* est redouta-
ble. Il déchire tout ce qu'il rencontre & devore sa proie comme
un lion: mais les Bresiliens se ven-
gent de sa cruauté ; car quand ils
le peuvent surprendre dans sa ta-
niere , ils le font mourir à petit
feu.

Il y a des singes petits & noirs,
que

que les Sauvages nomment *Cay*. Le
Sagouin eft une autre forte de finge qui de la couleur reffemble à un
écurueil, & du mufeau à un lion.
Ce Sagouin eft fort hardi, mais d'ailleurs le plus joli petit animal qui fe
puiffe voir.

Le *Hay* eft de la grandeur d'un
chien. Il a le regard d'un finge, le
ventre comme une mamelle pendante, la queuë & les griffes longues.
Quoique ce foit un animal qui vit
dans les Bois, on le peut aprivoifer,
mais le Sauvages ne s'y frotent pas,
parce qu'étant nuds ils craignent les
griffes aigues de cette Bête. Perfonne, difent ils, ne l'a vû manger, à
caufe dequoi ils s'imaginent qu'elle
vit de l'air.

Le *Coaty*, qui eft de la hauteur
d'un lievre, a le poil court & tache-
té, de petites oreilles, la tête petite,
le mufeau élevé, long d'un pied, rond
& d'égale groffeur par tout. Il a la
bouche fi étroite, qu'à peine y pourroit on faire entrer le plus petit doit.
Cet animal eft affés fingulier. Quand
il fe fent pris, il fe ramaffe en un
monceau, fe laiffe rouler de côté &
d'autre, mais il ne fe défait point

qu'on

qu'on ne lui donne quelques fourmis, ou quelqu'autre infecte. C'eſt d'infectes qu'il vit dans les Bois.

Il ne manque pas d'Oiſeaux de toutes eſpeces au *Breſil.* Il y en a beaucoup de bons à manger. Les Coqs d'Indes y abondent, les Breſiliens les apellent *Arignou auſſou.* Les poules y ont été apportées par les Portugais. Il s'en trouve de blanches fort eſtimées chez les Sauvages, à cauſe de leurs plumes qu'ils teignent de verd pour s'en parer. Cependant ils n'en mangent d'aucune ſorte & croient que les œufs ſont venimeux. Ils ſont même fort ſurpris de ce que nous en mangeons : auſſi y a t'il une ſi grande quantité de poules dans les villages où le Portugais ne vont point, qu'on peut les avoir pour rien. Ils ont des canars dont ils ne mangent pas non plus, de peur de devenir tardifs & peſans comme ces oiſeaux : ce qui ſeroit cauſe, diſent ils, qu'ils ſeroient facilement vaincus par leurs ennemis. Cette même raiſon les empêche de manger de quelque qu'animal que ce ſoit qui marche ou qui nage peſamment. En cela ils ne ſont pas

trop

trop fauvages; car l'experience con-
firme leur raifonnement.

Ils ont auffi une efpece de poulets
noirs , marquetés de blanc & qui
ont le gout des faifans; d'autres qui
font grans comme des pans, ou peu
s'en faut, marquetés de même , &
deux fortes de perdrix de la grandeur des canars.

Pour les Oifeaux qu'on ne mange
pas, il s'y en trouve de bien des fortes
differentes. Il y a des perroquets
fort beaux , entr'autres ceux qu'ils
nomment *Arad* & *Canidas*, des plumes defquels ils fe parent, parce
qu'elles font fort belles , & qu'elles
font de plufieurs couleurs , rouges,
bleues, jaunes , dorées. Outre cela
ils en ont de quatre autres fortes,
par exemple des *Cakotous* , qui ont
la tête marquetée de rouge, de jaune & de violet. Les ailes font d'un
fort beau rouge, leurs longues queues
font jaunes, & le corps vert. Ces
perroquets aprennent à parler diftinc-
tement. Il y en a d'une autre forte
qu'on nomme *Maragnas*, & qui font
auffi communs au *Brefil* que les pigeons en *Efpagne.* Les Brefiliens ne
les eftiment point du tout. Mais un

I 5   oifeau

oiſeau fort ſingulier entre tous les
autres, c'eſt le *Tochan*, dont j'ai déja
dit quelque choſe. Cet oiſeau eſt
grand comme un pigeon & auſſi
noir qu'un corbeau par tout le corps,
excepté ſous le ventre & à l'eſtomac
qu'il a jaunes avec un petit cercle
de plumes rouges: Les Breſiliens
appellent ces plumes plumes à danſer,
parce qu'ils s'en parent aux jours de
Fêtes & de danſes. Cet oiſeau a le
bec plus grand que tout le reſte du
corps.

Il y en a un autre de la grandeur
& de la couleur d'un merle, excepté que ſous l'eſtomac il eſt d'un
brun rouge comme du ſang de bœuf.
Ils appellent cet oiſeau *Panou* & ſe
ſervent de ſes plumes comme de
celles du Tochan. Ils en ont encore un autre qu'ils nomment *Quanpian*,
qui eſt rouge comme l'écarlate.

Il ne faut pas oublier le *Colibri*, qui
n'eſt pas plus gros qu'une groſſe
mouche, & qui a de petites ailes lui-
ſantes, un chant fort haut & melo-
dieux, ſemblable à celui du roſſignol:
Il eſt preſque incroiable que d'un ſi
petit corps il en puiſſe ſortir une
voix ſi forte.

En-

Enfin il y en a divers autres de
differentes couleurs & tous fort differens des notres. Les Sauvages en
obfervent un fur tous les autres,
qu'ils refpectent, & qu'ils regardent
comme un oifeau de prefage & de
bon augure. Il eft gris & de la
grandeur d'un pigeon. Son chant
trifte & lugubre fe fait entendre plus
frequemment la nuit que le jour. Les
Sauvages difent que ces oifeaux leur
font envoiés de leurs parens , & amis
defunts, pour leur aprendre des nouvelles de l'autre monde , & , en attendant qu'ils y aillent auffi prendre
place, les encourager à la guerre contre l'ennemi. Comme , fuivant eux,
cet oifeau eft un meffager qui vient
de derriere les montagnes, (c'eft
le Paradis de ces Sauvages ,) ils
croient qu'en obfervant bien fon
chant, fuffent ils après leur mort
vaincus par leurs ennemis, ils iront
trouver leurs Peres derriere ces montagnes, pour y être fans ceffe dans
les plaifirs & y danfer éternellement.

On reconnoit à cela qu'ils ont affés de raifon pour croire que leur a-
me n'eft pas mortelle, & pour l'en-
feigner à leurs enfans.

I 6   On

On voit au Brefil des chauve-fouris de la grandeur des corneilles. La nuit elles entrent hardiment dans les maifons , & fi elles trouvent quelqu'un endormi & couché nud, elles lui fucent le fang.

Les Abeilles de ce Païs là font plus petites que les nôtres & font leur miel dans les troncs des arbres. Les Sauvages Brefiliens n'emploient la cire qu'à fermer les étuis où ils ferrent leurs plumes , afin de les garantir des vers.

Difons un mot de leurs Poiffons. Ils ont deux fortes de barbeau qu'ils tuent dans l'eau à coups de fleches; ce qui n'eft pas dificile, parce que ces poiffons nagent en troupe. Quelquefois il en atteignent deux ou trois d'un trait. Ils font de la farine de la chair de ces barbeaux, qui eft tendre & courte. Ils ont de plufieurs autres fortes de poisfons, une efpece d'anguille, des raies plus grandes que les notres, & qui ont deux cornes fur le devant de la tête. Leur queue eft longue, mê-nue & venimeufe. Je ne m'étendrai pas davantage fur les animaux du Brefil, mon deffein n'étant point

du

du tout de donner l'hiſtoire naturelle d'aucun Païs. C'eſt une matiere que je n'entens pas aſſés pour
entrer dans le détail neceſſaire.
Ainſi je pourrois bien n'avoir rien dit
que de fort commun ſur cet article : mais puiſque j'en ai tant fait, je
dirai quelque choſe des Plantes de
ce beau Païs.

CHAPITRE V.

Des Arbres , Fruits & autres Plan-
tes du *Breſil.*

IL croit au *Breſil* quantité de ce
Bois connu en Europe ſous le nom
de *Bois de Breſil.* Les habitans naturels l'appellent *Araboutan.* En grandeur & pour l'épaiſſeur du feuillage, il
reſſemble aſſés à nos Chênes, On
en trouve qui ont plus de trois braſſes d'épaiſſeur, mais cet arbre ne porte
aucun fruit. Sa feuille eſt ſemblable
à celle du Buix. On transporte ce bois
avec beaucoup de peine & de travail
aux vaiſſeaux , & les Breſiliens
naturels ne s'y emploient pas volòn-
tiers : auſſi faut il beaucoup de tems

I 7 pour

pour en freter un navire, à caufe de
la dureté du bois & de la difficulté
que l'on a à le couper & à le fendre.
Ajoutés à cela, que par la negligence & la pareffe des Portugais, quelquefois il n'y a point de bêtes de
charge pour le tranfporter ou pour
le trainer aux vaiffeaux. Il faut a-
lors que cela fe faffe par le travail
des Negres que les Portugais ont à
leur fervice. Ces Negres font l'office
de bêtes de charge, (auffi les Portugais les mettent ils au rang de ces
bêtes,) ils coupent ce Bois, le fen-
dent, le chargent fur leurs épaules
& le portent jufqu'au vaiffeau. On
en brule auffi quantité. Ce Bois eft
naturellement fort fec. Il fait peu
de fumée au feu. Les cendres en font
rouges comme le Bois.

On a au *Brefil* cinq diverfes fortes
de Palmiers, & une efpece de Bois
d'Ebene dont les feuilles reffemblent
à celles du Palmier. Son tronc eft
garni d'épines aigues, fon fruit eft
raifonnablement grand, & a au milieu un pepin blanc comme neige,
mais qui n'eft pas bon à manger.
Ce Bois eft noir & fort dur. Les
Sauvages en font leurs *Tacapes*, c'eft
une

une efpece d'halebarde) & leurs fléches. Il eft fi pefant qu'il s'enfonce
dans l'eau comme une pierre. Il y a
diverfes autres fortes de Bois d'ébene, de l'ébene jaune comme du Buix, de
la violette, de la verte, du bois blanc
comme du papier, du rouge pâle,
du rouge vernis, du rouge obfcur
dont ils font auffi des *Tacapes*. Ils
ont un autre Bois, qu'ils nomment
Copâu, & qui reffemble au Noier d'Europe. Il diftile un baume excellent,
mais il ne porte aucun fruit.
Ce Bois étant travaillé a des veines
agreables comme celles du Noier.
Ils en ont encore dont les feuilles font
fort petites, d'autres dont les feuilles
font grandes & longues d'un demi pied.

Il croît auffi au *Brefil* un arbre
fort beau & d'une odeur plus agreable que l'odeur de rofe, fur tout lorfqu'on l'a coupé : mais en revange
L'*Aouai* eft fort puant. Le Bois de
cet arbre brulé ou fcié jette une o-
deur infupportable. Ses feuilles font
comme celles du pommier, & fon
fruit femblable au gland eft fi venimeux, que fi l'on en mange on ref-
fent auffi-tôt fon mauvais effet.

Le Brefil produit encore plufieurs
fortes

fortes de fruits. Il y a des pommes vers le rivage de la mer, dont l'aparence eft fort belle, mais elles font fort dangereufes à manger. Nous les appellons *Mancenillas.*

L'*Hyourvahe,* qui croit en ce Païs là, eft une écorce de l'épaiffeur d'un doit & demi. Cette écorce, qui eft de bon goût étant fraiche, eft un remede fpecifique pour guerir de la Verole. Les Brefiliens s'en fervent contre les *Pians.* C'eft une maladie auffi mauvaife chez eux que la Verole. Une autre arbre de hauteur moienne, dont les feuilles reffemblent en forme & couleur à la feuille de laurier, porte un fruit de la groffeur des œufs d'Autruche, mais qui ne vaut rien à manger. Les Sauvages en font des *Maraques*, & des gobelets à boire. Le *Sabuca* porte un fruit de la longueur de plus de deux pouces.

L'*Acajou* eft de la grandeur d'un Sorbier. Son fruit eft connu fous le nom de *Pomme d'acajou* : auffi eft il de la couleur d'une pomme & plus gros qu'un œuf de Poule. Ces *pommes d'Acajou* font bonnes à manger & renferment un jus un peu aigre & re-
fri-

frigerant. Mais commes ces pommes
croiſſent au plus haut des arbres, elles
ſont bien ſouvent mangées par les
Sagouins & les autres ſinges, avant
que l'on ait pû les abatre.

Le *Paco* eſt un arbriſſeau de dix à
onze pieds de haut. Son tronc, auſſi
gros que la cuiſſe d'un homme, eſt
ſi mol, qu'on peut l'abatre d'un ſeul
coup. Le fruit qu'il porte reſſemble
au concombre & en a la couleur é-
tant venu à maturité. Il en croit
vint-cinq ſur une branche.

Les Cotoniers ſont de moienne hauteur. Sa fleur eſt jaune comme la
clochette d'une Citrouille. Il en ſort
une petite pomme, qui étant meure
s'ouvre en quatre & donne le coton
que les Naturels appellent *Amenijou.*
Au millieu il y a des grains noirs ſer-
rés enſemble dans une diſpoſition
preſque ſemblable à celle des rognons d'un homme. Les Femmes ſauvages amaſſent ce coton le travaillent & en font des tabliers, qui leur
ſervent à couvrir la ceinture & les
parties adjacentes, des hamacs &
autres pareilles choſes.

Les Portugais ont planté au Breſil
des Citroniers qui viennent fort bien &
qui

qui portent des citrons de tres bon
goût. Les Cannes de fucre y abondent & produifent du fucre en quantité, dont on fait un grand commerce pour le Portugal. On fait que ces
Cannes étant fraiches rendent une
odeur tres douce & qu'étant un peu
flêtries & humeétées dans de l'eau elles
font de tres bon vinaigre.

Outre les Cannes à fucre, il fe
trouve dans les bois de certains rofeaux de l'épaiffeur de la jambe d'un
homme. Ces rofeaux, qui quand ils
font verds, font facilement coupés
ou abatus d'un feul coup, deviennent, étant fecs, d'une fermeté &
d'une dureté à toute épreuve. Les
Sauvages en font des flêches. Le
maftyx, qui eft une gomme excellente que l'Ifle de *Chio* nous envoie,
fe produit auffi au *Brefil.* Il y a enfin
beaucoup de fleurs & d'herbes odoriferantes. Et bien qu'aux environs
de *Cabo Frio*, il pleuve & vente
beaucoup, cependant ni la neige, ni
la pluie, ni la gréle n'empêchent
pas les arbres d'être toujours verds
comme chez nous au mois de
May.

C'eft en Decembre que la plus
gran-

grande chaleur regne & que les jours font les plus longs : mais excepté dans le tems des chaleurs violentes, l'air y eſt aſſés agreable & auſſi bon qu'en *Eſpagne.*

Je ne parlerai pas des *Ananas.* Ce fruit eſt ſi connu en Europe, qu'il feroit inutile de repeter ce que les autres en ont dit. Il feroit auſſi inutile de parler du tabac dont on fait un grand commerce.

CHAPITRE VI.

Des Guerres des Breſiliens *Naturels & de la conduite qu'ils tiennent à l'égard de leurs Ennemis.*

LEs Sauvages de L'*Amerique* ne ſe font point la guerre les uns aux autres par un principe d'interét, ni pour conquerir des terres, ou pour ſatisfaire à leur ambition. Ces motifs & les paſſions qui les produiſent leur ſont inconnus. Ils ont pour but de vanger la mort de leurs parens & amis que d'autres Sauvages ont mangé. Quand on remonteroit
à l'in-

à l'infini, on ne trouveroit pas d'autre origine à leurs guerres : ou du
moins ils n'auroient pas d'autre raifon à alleguer que celle là. Ils ont
la vengeance fi fort à cœur, qu'il
n'y a aucun quartier à efperer, quand
on a le malheur d'être leur captif. Cependant quelque difficile qu'il foit de
déraciner cette paffion de leur cœur,
il paroit que ceux qui font le plus
voifins des Europeans s'adouciffent
tant foit peu, qu'ils perdent cette
rage qui les porte à manger les hommes. Il faut efperer qu'à la fin l'humanité prendra le deffus : car quand
on leur reproche cette cruauté, &
qu'on leur fait voir avec douceur
qu'il n'y a rien qui aproche plus des
bêtes fauvages, que de fe manger
ainfi les uns les autres ; ils baiffent la
vuë & paroiffent fort honteux des
reproches qu'on leur fait.

Voici, autant que j'ai pû l'aprendre étant fur les lieux, comment les
Sauvages du *Brefil* fe font la guerre. Ils n'ont ni Princes ni Rois. L'un
n'eft pas chez eux plus grand que
l'autre : mais ils fe contentent d'ho-
norer & de confulter leurs Anciens
à caufe, difent-ils, *que l'age leur*
don-

donne de l'experience, & que par leurs bons conseils ils fortifient les bras des jeunes guerriers, ne pouvant plus agir eux mêmes. Ces Anciens font comme les Directeurs des *Aldejas* qui font les Villages de ces Sauvages; ou plutot ce font les Conseillers Presidens de quatre ou cinq Cabanes Bresiliènes posées les unes prés des autres, qu'ils appellent une *Aldeja.* Les Anciens font aussi les Orateurs des Sauvages, & c'est leur éloquence qui anime, quand il lui plait, ces Sauvages à la guerre. Ils donnent le signal de la marche, & ne cessent en marchant d'exhorter les guerriers à se venger de leurs ennemis, & à montrer du courage contre ceux qui ont mangé quelqu'un des leurs. Dans leurs harangues ils leur representent le tort qu'ils reçoivent des *Perosinchipa*, (c'est ainsi qu'ils appellent les Portugais & leurs autres grands ennemis) les violences qu'ils leur font & le mépris avec lequel ils en font traités, lors qu'ils font vaincus. Alors les Sauvages frapent des mains, se donnent des coups fur les épaules & fur les fesses en criant tous unanimement, *Tououpi-nam-*

nambaous (ce mot veut dire *Compagnons*) *vengeons nous, ne soufrons point de lacheté, prenons les armes & soions tués ou vangés.* Les harangues durent quelquefois six heures, & pendant qu'elles se font, l'assemblée écoute avec beaucoup de patience & de respect. Aprés ces exhortations, plusieurs *Aldejas* se joignent, & chacun s'arme de sa *Tacape*, qui est de *Bois de Bresil* ou d'une espece d'ébene noire fort pesante & fort massive. Cette *Tacape* a six pieds de long, & un pied de large. Elle est ronde à l'extremité, fort trenchante aux bords, & d'un pouce d'épaisseur au millieu. Outre la *Tacape*, ils prennent leurs *Orapats*, qui sont des arcs faits du même bois que la *Tacape*. Ces Sauvages se servent de leurs arcs avec une dexterité admirable. Leurs boucliers sont faits de peau de *tapiroffou*. Ils sont larges, plats & ronds comme le fond d'un tambour. Ils se parent de plumes, ainsi que je l'ai déja dit. Ils marchent dans cet équipage au nombre de cinq ou six mille & plus, avec quelques femmes, pour porter les vivres & autres choses necessaires.

res. Ceux des Anciens, qui peuvent encore agir & qui ont tué &
mangé beaucoup d'ennemis, font
choilis pour Generaux de cette Armée. Ils ont, pour donner le fignal,
une efpece de cornet, qu'il appellent
inuhin, & ils font des flûtes des os
des jambes de leurs ennemis. Ils
font quelquefois leurs expeditions
par eau, mais alors ils ne s'éloi-
gnent pas du rivage, à caufe que
leurs canots, qui font faits d'écorce
d'arbre, ne fauroient refifter contre la
force des vagues. Cependant il y a
de ces canots qui peuvent bien tenir jufqu'à cinquante hommes ; qui
tous enfemble manient l'aviron avec
adreffe. Les moins vigoureux reftent derriere avec les femmes à une
journée ou deux de chemin, pendant que les guerriers s'avancent
dans le Païs de l'ennemi. Pour faire
leur coup ils fe cachent dans les Bois
& s'y tiennent avec une patience
admirable, jufqu'à ce qu'ils aient pû
furprendre leurs ennemis, & quand
ils ont eu le bonheur de les furprendre & de les vaincre, ils en ameî-
nent le moins qu'ils peuvent. Ils les
tuent fur le champ, les rotiffent fur
leurs

leurs *Boucans*, & les mangent. Ils
s'attaquent & fe furprennent d'autant plus facilement les uns les autres, que les villages de tous ces
Sauvages font fans defenfe, & que
leurs cabanes ne font fermées qu'a-
vec quelques branches de palmiers.
Cependant les *Aldejas*, qui font les
plus voifines des terres de leurs ennemis font fermées d'une efpece de pa-
liffade de fix de pieds de long ; &
c'eft là qu'eft le rendez vous des
guerriers, quand ils vont faire quelque exploit de guerre. Ils tuent &
mangent tous ceux qu'ils atrapent
fuïant ou les armes à la main : mais
quand ils fe batent de pied ferme en
pleine campagne, ils le font avec
une furie & une cruauté inexprima-
bles.

. A la premiere vuë de leurs ennemis, ils jettent des cris efroiables : à
l'aproche ils redoublent ces cris,
fonnent de leurs cornets, jouent de
leurs flûtes, & font des menaces,
en montrant les os de leurs ennemis
& leurs dens enfilées à des cordons
de la longueur de deux aunes,
qu'ils portent pendus au col. Ils
commencent la bataille par les fléches,

thes. On dit que ceux qui en font
atteins fe les arrachent du corps, &
les mordent comme des chiens enragés, fans pour cela quitter le com-
bat : car leur ferocité eft telle, que
tant qu'ils ont une goute de fang
dans le corps ils ne prennent jamais
la fuite. Pour moi, qui ai vû la ferocité des Anglois fur mer, je ne
trouve rien d'incroiable en cela.
Cette nation brave & guerriere autant qu'il fe puiffe, porte le courage jufqu'à la fureur, & les Avanturiers Anglois croient qu'il y va de
leur honneur de fe faire hacher,
plutot que de donner quartier ou
d'en recevoir. Il faut auffi dire
qu'ils favent fort bien, que quand ils
font pris, ils font perdus fans ref-
fource.

On affure que quand ces Sauvages ont fait des prifonniers, & qu'ils
font obligés de les enmener chez eux,
ils les nourriffent & les engraiffent.
On donne des femmes aux hommes,
mais on ne donne pas des hommes
aux femmes que l'on a prifes. Ce
qu'il y a de plaifant eft que ceux qui
ont fait ces prifonniers ne font pas
difficulté de leur donner leurs filles

Tom. I. K ou

ou leurs sœurs pour les servir ; &
parmi eux une femme de service
tient aussi la place de la maitresse;
car elle sert egalement aux besoins
du ménage & du mariage. Ces femmes servent de cette maniere le captif
jusqu'au jour qu'il doit étre massacré & mangé. En attendant ce
jour, le prisonnier passe le tems à
la chasse & à la pêche. Les femmes
qu'on leur donne ont soin de les engraisser, béchent ou remuent la terre, élevent les enfans à leur mode,
si elles en ont. Le jour de la mort
n'est pas fixe & déterminé : il dépend du bon ou du mauvais état du
captif. S'il est gras, on l'expedie
bien-tôt, mais s'il est maigre il faut
l'engraisser. Quand le jour du mas-
sacre est venu, ceux des *Aldejas*
les plus proches sont invités à se
trouver à la fête, tant hommes que
femmes & enfans. Tous ces Sauvages se divertissent à boire & danser.
Le prisonnier lui même est de la
partie, bien qu'il sache que sa vie ne
tient plus à rien ; mais on assure
qu'il ne laisse pas pour tout cela de
surpasser autant qu'il peut tous les
autres à boire & à danser. Si cela
..... est

eft il faut convenir qu'ils n'eftiment
gueres la vie. Quoi qu'il en foit,
aprés quelques heures de danfes,
deux ou trois Sauvages robuftes
l'empoignent & le lient au millieu
du corps avec des cordes de coton,
fans que pour tout cela le prifonnier
faffe mine de remuer ou d'avoir
peur. Il a pourtant les mains libres.
Ils le meinent ainfi garroté en triom-
phe dans les *Aldejas*, & le prifonnier les regarde d'un air fier & af-
furé, leur racçonte fort hardiment
fes exploits, & leur dit comment il
a fouvent lié de cette façon fes
ennemis, qu'il a enfuite roti &
mangé. Il leur predit que fa mort
fera vangée, & qu'ils feront un jour
mangés comme lui. On le met en montre pendant quelque tems aux autres
Sauvages qui lui viennent dire des
injures, & cependant les deux hommes qui le gardent fe reculent l'un à
droite l'autre à gauche, à la diftance
de huit ou dix pieds, tirant toujours
également les cordes dont ils le tiennent lié, en forte que le captif ne
puiffe ni avancer ni reculer. Un autre aporte plufieurs pierres à ce mi-
ferable, & ceux qui le gardent fe

cou-

couvrent de leurs Boucliers de *Tá-*
piroffou, lui demandent si avant que
de mourir il ne veut pas venger sa
mort. Le captif prend ces pierres
& les jette avec fureur contre ceux
qui l'environnent, & s'ils ne se retirent au plus vite ou ne se couvrent de
leurs Boucliers, il y en a toujours quelques uns de bien blessés. Si toutes
ces particularités sont veritables, on
doit dire qu'ils traitent la mort d'une
façon fort comique.

Quand le prisonnier a achevé de
jetter ses pierres, celui qui doit étre
son Bourreau & qui s'étoit tenu caché jusques là se presente avec sa
Tacape parée de plumes. Il en est
orné lui même de toutes les sortes.
Ce Bourreau a divers entretiens avec
le prisonnier, & l'on peut dire que
les discours qu'il tient à ce malheureux sont à peu prés l'accusation &
la sentence de mort. Le Bourreau
lui demande par exemple, s'il n'est
pas vrai qu'il a tué & mangé plusieurs
de ses Compagnons ; l'autre l'avoue
& le défie même, en lui disant, *donne*
moi la liberté & je te mangerai toi &
les tiens, Le Bourreau replique &
lui dit, *hé bien, nous te préviendrons*
je

Je vais t'aſſommer & tu ſeras mangé aujourd'hui. Le coup ſuit la menace de fort près, car il eſt auſſi-tôt aſſommé, & la femme de ſervice ſe jette vite ſur le corps du mort pour y pleurer un moment. C'eſt une grimace qui eſt attachée ſans doute à la ceremonie ; car la bonne femme doit avoir ſa part du feſtin & manger de celui qu'elle a aidé à engraiſſer. Après cela les plus jeunes femmes aportent de l'eau chaude, dont elles lavent & frotent le corps. D'autres viennent, le coupent en pieces avec une extreme promtitude, & de ſon ſang frotent leurs enfans, pour les accoutumer de bonne heure à la cruauté. Avant la venue des Europeans ils découpoient les corps morts avec des pierres aigues ; aujourdhui ils le font avec des couteaux que les Portugais leur troquent. Le corps étant ainſi découpé & les entrailles bien netoiées ou en rôtit les pieces ſur des *boucans* de bois. C'eſt la commiſſion des vieilles, qui reſtent au *boucan* juſqu'à ce que tout ſoit roti. Ces vieilles coquines ne ceſſent, en mangeant de cette viande, d'exhorter les jeunes gens à bien fai-

K 3. re

re leur devoir à la guerre afin d'a-
voir bonne provision de chair hu-
maine pour leurs festins.

Voila ce que j'ai apris touchant
ces fcruels mangeurs d'hommes. Il
ne faut pas douter de la verité de
la chofe , puifqu'il n'y a point de
Sauvage au *Brefil* qui n'avoue que
c'eft leur coutume, & qui ne fou-
tienne qu'il n'y a pas de meilleur
moien pour exterminer fes ennemis,
que de les manger, à mefure qu'on
les atrape. J'en ai vû quelques uns,
qui, tout couvertis qu'ils étoient au
Chriftianifme, ne pouvoient s'empé-
cher de faire gloire d'avoir mangé
plufieurs prifonniers : cependant il
faut efperer qu'ils perdront cette
coutume cruelle, à mefure que l'on
avancera dans leurs terres, & qu'ils
prendront des mœurs plus douces
par la frequente communication qu'ils
ont avec les Portugais.

CHAPITRE VII.

De la Religion des Sauvages du Bresil.

CEs Sauvages n'ont ni Temples ni
Monumens à l'honneur d'aucu-
ne Divinité, fort differens en cela des
Mexicains & des *Peruans*. Ils ne
favent ce que c'eſt que la creation
du monde , & ne diſtinguent les
tems que par les lunes : mais on ne
peut pas dire qu'ils n'ont abſolument point d'idée de la Divinité : car
ils levent ſouvent leurs mains vers
le ſoleil & la lune en ſigne d'admira-
tion & s'écriant à pluſieurs repriſes
Teh Teb: C'eſt comme s'ils diſoient,
voila qui eſt admirable. Outre cela
ils racontent ſouvent qu'un *Mair*
(c'eſt à dire un étranger,) fort puiſ-
ſant & qui haïſſoit extrémement leurs
Anceſtres les fit tous perir par une
violente inondation , excepté deux
qu'il reſerva pour faire de nouveaux hommes deſquels ils ſe diſent deſcendus : & cette tradition,
qui deſigne aſſés le deluge, ſe trou-

K. 4   ve-

ve dans leurs Chanſons. Ils s'é-
fraient fort du tonnerre, & montrent
le ciel en ſoupirant quand il tonne :
mais ils repondent à ceux qui leur
diſent à cette occaſion, qu'il *faut*
adorer Dieu, qui eſt l'auteur du tonner-
re. C'eſt choſe étrange que Dieu, que
vous dites ſi bon, épouvante les hom-
mes par le tonnerre. Enfin il eſt ſûr
que malgré cette groſſiere ignorance, ils croient l'immortalité de l'ame;
car ils aſſurent que les ames de ceux
qui ont vecu en gens de bien s'en
iront derriere les hautes Montagnes
trouver les ames de leurs Anceſtres,
& habiter avec elles dans des jardins agreables, où elles riront, chan-
teront & ſauteront éternellement.
Vivre en gens de bien chez eux, c'eſt
maſſacrer ſes ennemis & les manger
enſuite, comme nous l'avons déja
dit. Aſſurément l'idée qu'ils ont du
Paradis s'accorde fort bien avec l'i-
dée qu'ils ont de la vertu. C'eſt
pourquoi ceux qui travaillent à convertir ces Sauvages devroient commencer par leur donner une juſte
idée de l'honetété civile & de ce que
l'on ſe doit par l'humanité, avant que
de leur parler des myſteres de la Religion.

ligion. Ils devroient auſſi leur donner de bons exemples & les traiter
doucement, afin de gagner par des
choſes ſenſibles des hommes qui ne
connoiſſent rien que ce qui touche
leurs ſens : mais je n'en dirai pas davantage, car je ne ſuis pas Miſſio-
naire, & je n'ai pas aſſés de lumieres
pour donner des avis ſur ce chapitre.

Comme ils ont l'idée d'un bonheur avenir, auſſi l'ont il de quelques peines pour ceux qui auront mal
vecu. Ils croient que ceux qui ont
vecu ſans honneur & ſans avoir eu
ſoin de ſe defendre contre les ennemis communs ſeront emportés par le
Diable, qu'ils nomment *Agnian*, &
qu'ils ſeront ſous ſon pouvoir en des
peines éternelles. On dit qu'ils ſe
plaignent ſouvent d'être batus de
cet *Agnian*.

Une autre preuve qu'ils ont quelque idée de Religion, c'eſt qu'ils
ont une eſpece de Prêtres, dont j'ai
oublié le nom en language du Païs.
Ceux-ci leur font accroire qu'ils ont
une ſecrete intelligence avec *Agnian*,
& qu'ils peuvent donner de la force
& du courage à qui il leur plait,

pour

pour pouvoir par ce moien furmon-
ter leurs ennemis. Ces Prêtres font
des Anciens des *Aldejats*, qui fe van-
tent que c'eft par eux que les plantes & les fruits croiffent. Ils ont
affés d'adreffe dans leur impofture,
pour pouvoir jouer le role d'*Agnian*
& perfuader enfuite aux Sauvages
que c'eft lui qui les maltraite & les
tourmente. Ils s'en plaignent fur-
tout la nuit. C'eft qu'elle eft plus favorable à l'impofture.

Enfin une de leurs Fêtes acheve de
me perfuader qu'ils ont connoiffance d'un Principe fuperieur aux hommes. Ils s'affemblent & font une
troupe à laquelle prefident ces Anciens que j'ai appellé leurs Prétres.
Ceux ci entonnent de certaines chanfons & danfent au même tems tenant chacun fa *Maraque*. Ils prennent, en danfant & en chantant toujours, les autres perfonnes de l'Affemblée, qui danfent & chantent comme
eux en faifant les mêmes poftures.
Les femmes s'agitent & écument
comme fi elles étoient attaquées du
haut mal. Les hommes & les enfans
fe frapent à la poitrine, & font avec
un bruit Diabolique toutes les figures

res d'un possedé. Après tout ce tin-
tamare on se repose, on prend un
air un peu plus calme & l'on chan-
te d'un ton plus doux. On se met
à danser une danse ronde en se tenant par la main, en pliant un peu
le corps, branlant & tirant un peu
à soi la jambe droite, tenant la main
gauche pendante & la droite sur les
fesses. En cette posture ils conti-
nuent à danser & à chanter. Ils se
divisent alors en trois cercles, & trois
ou quatre Prêtres enplumés presi-
dent à chaque branle & presentent
aux danseurs cette venerable *Maraque*,
d'où ils disent que l'esprit leur parle. Pour faire cette ceremonie ces
Prêtres se tournent de côté & d'autre en dansant toujours. Après cela
ils prennent de longs roseaux qu'ils
emplissent de tabac allumé & se tournant toujours de côté & d'autre, ils
en soufflent la fumée sur les danseurs,
en disant avec une gravité digne
d'un meilleur sujet, *Recevés tous l'es-*
prit de force, par lequel vous pourrés
vaincre les ennemis. Cette ceremonie dure pour le moins six ou sept
heures, & se pratiquoit aussi chez les
Caribes, avec quelque petite differen-

K 6   ce.

ce. Il eſt certain, ce me ſemble, qu'elle ſupoſe quelque connoiſſance d'un Eſprit Supreme; à moins qu'on ne veuille ſoutenir que tout ce qu'ils diſent en ces occaſions n'eſt autre choſe que des mots, comme un Miſſionnaire Portugais le prétendoit dans une converſation que j'eus un jour avec lui ſur cet article. Pour moi je crois que par tout où il y a quelque aparençe de Raiſon il y a auſſi quelque idée fauſſe ou vraie, d'un Être Supreme : & ſi les lumieres ne ſont pas aſſés vives pour é-claircir cette connoiſſance, il s'en conſerve toujours quelques princi-pes groſſiers, que les plus brutaux agencent à leur maniere, juſqu'à ce qu'il plaiſe à Dieu de les éclairer des lumieres de ſon tres ſaint Evan-gile.

Si l'on me demande ſur quoi rou-lent donc les chanſons de ces Sau-vages, je repons qu'elles font men-tion de leurs beaux faits d'armes. Elles conſervent la memoire de la mort de leurs vaillans ancêtres. El-les parlent du courage & de la force de ceux d'entr'eux qui ont eu la gloire de manger bon nombre d'en-ne-

nemis. Elles leur font efperer qu'ils
iront fuivre un jour ces heros derriere les hautes montagnes. Enfin
elles menacent leurs ennemis d'une
prompte deftruction. On reconnoit
encore en ces chanfons des traces
affés vifibles du Deluge, ainfi que
je l'ai déja dit. Aprés que les Prêtres ont paffé quelques heures à envoier l'efprit de courage à droite &
à gauche fur l'Affemblée, on les
traite avec honneur & refpect, fans
oublier de les regaler à la Brefiliene.
Il eft bien jufte que de tels Prophe-
tes vivent aux dépens de ceux qu'ils
abufent par l'artifice du Diable.

Ces mêmes Prêtres, (je ne fai quel
autre nom leur donner, aiant oublié
celui qu'ils ont au *Brefil.*) quand
ils font la vifite de leur Diocefe dans
les *Aldejas*, n'oublient jamais leurs
Maraques, qu'ils font adorer folen-
nellement. Ils les élevent au haut
d'un baton, fichent le baton en terre,
les font orner de belles plumes, & per-
fuadent les habitans du Village de
porter à boire & à manger à ces
Maraques; parce que felon les Prêtres, cela leur eft agreable, & qu'elles fe plaifent à étre ainfi regalées.

Ils

Ils les prefentent au peuple avec un
refpect exterieur qui excite le refpect
des autres Sauvages. Les Chefs ou
les Peres de famille des Sauvages
viennent ofrir à ces *Maraques* leur
farine, leur poiffon , leur *Caouin* &
leurs autres provifions.

CHAPITRE VIII.

Des Mariages des Brefiliens *& de
plufieurs ufages de ces
Sauvages.*

JE confens qu'on regarde tous les
Sauvages de l'Amerique comme
fort eloignés des principes d'une
bonne Morale & de la veritable ho-
nêteté ; mais quelles que foient les
abominations de ces malheureux
Idolâtres presqu'Athées , les plus
fimples devoirs de la nature ne font
pas abfolument efacés en eux. Les
Sauvages du *Brefil* évitent dans leurs
mariages de prendre pour femme
leur mere , leur fœur, ou leur fille.
Pour les autres Degrés de parenté,
on n'y prend pas garde parmi eux.

Def-

Dés qu'un garçon est en age d'appro-
cher des femmes, il lui est permis de
songer à s'en donner une. Il n'est pas
question, comme en Europe, de savoir si l'esprit a la force de soutenir
un ménage & le poids des affaires civiles. Celui qui a jetté les
yeux sur quelque fille parle aux parens de la fille; si elle n'a point de
parens, il s'adreffe aux amis ou même aux voisins de cette fille, & leur
demande cette personne pour femme. S'ils l'accordent, il la prend
fans autre façon, & elle est dés ce
moment fa femme. S'ils la refufent,
il fe retire & jette les yeux fur une
autre. Ils ne fe tiennent pas à une
feule. Celui qui a beaucoup de femmes est fort eftimé chez eux, parce
que c'est une marque qu'il veut
avoir beaucoup d'enfans, qui feront
un jour des guerriers. Ce n'est pas
la peine de nourrir les femmes & les
enfans qui leur coute. Il n'y a
qu'à courir les chams pour vivre.
L'étofe & l'éducation leur coutent
encore moins. Ces femmes vivent
aflés en paix enfemble. Elles n'ont
ni amitié, ni envie, ni jaloufie, &
pour l'honneur, elles ne le connoiffent

fent pas. Il me femble qu'il faut
avoir un peu d'éducation & quelque
delicateffe pour être attaqué de
ces paffions. L'occupation de ces
femmes eft de faire des hamacs, des
filets &c. & de cultiver la terre.
On affure qu'ils ont affés de lumiere
naturelle, pour avoir en horreur les
femmes qui fe proftituent, & qu'il
eft permis à leurs maris de les tuer.
Si cela eft ils doivent favoir ce que
c'eft qu'honneur. Pour les galante-
ries des filles, ils ne s'en embaraf-
fent pas : mais quoiqu'il en foit, cés
Peuples du *Brefil* ne font pas les plus
luxurieux des Indes Occidentales.
Les femmes font plus laborieufes
que les hommes : celles qui font enceintes ne laiffent pas que de tra-
vailler bien fort. Les hommes plantent, cultivent les arbres, chaffent,
pêchent, font des *Tacapes*, des arcs,
des flêches &c.

Lorfque les femmes accouchent,
les hommes reçoivent les enfans,
leur coupent le cordon avec les
dens, & leur écachent le né. Aprés
cela le pere lave fon enfant, & le
peint de rouge & de noir. Ils ne
favent ce que c'eft qu'enmailloter
un

un enfant, mais fans autre façon ils
le portent au hamac, où le pere met
prés de l'enfant, fi c'eft un garçon,
un petit arc de bois, de petites flêches & un petit couteau. Il lui fait
là un difcours à fa maniere, pour
l'exhorter à étre courageux & à fe
venger de fes ennemis ; tout comme fi l'enfant l'entendoit. Enfuite il
lui donne un nom qu'ils emprun-
tent de chofes qui leur font connues
& fenfibles. Pour la nourriture qu'ils
lui donnent, c'eft, outre le lait de
la mere, de la farine mâchée ou dé-
laiée. L'accouchée ne fait ce que
c'eft que fe faire foigner & prendre
les airs d'une femme tout fraiche-
ment devenue mere. Elle s'en va
fort peu aprés à l'ouvrage, & ne
s'en porte pas plus mal. C'eft un
effet de la coutume ou du Climat,
ou plutôt de leur maniere de vivre
dure & fauvage. Les enfans viennent fort bien fans étre ni contre-
faits ni tortus : quoiqu'on les éleve
fans les enmailloter comme nous.
Auffi-tôt qu'ils font devenus grans,
on les meine tuer & manger des
hommes.

Si quelque different furvient entr'eux,

treux, perfonne ne s'en mêle que
les parties, à qui il eft permis de
decider comme il leur plaît. Il paroit qu'ils traitent comme on les
traite. C'eft à dire que fi on leur a
arraché un œil ils en arracheront un
à leur tour. Leurs biens font tels
que les peuvent avoir des gens qui
n'amaffent rien & qui n'ont d'autre
fouci que la guerre. On compte
dans quelques unes de leurs *Aldejats*
jufqu'à fix cens têtes par Cabane.
Elles font trés longues & percées
de telle maniere que l'on peut voir
d'un bout de la cabane à l'autre,
quand elle auroit trois ou quatre
cent pas de longueur. Les *Aldejats*
ne font ordinairement qu'un affem-
blage de cinq ou fix de ces Cabanes. Ils appellent Chefs de famille
celui qui prefide fur chaque *Aldeja*.
Dans les Capitainies où il fe trouve
de ces *Aldejats*, les Portugais leur
donnent un infpecteur de leur nation: mais ceux des terres ne demeurent gueres que cinq ou fix
mois en un même endroit: aprés
cela ils prennent les materiaux de
leurs Cabanes & s'en vont quelquefois à mille ou deux mille pas de
leur

leur première demeure. Ils croient
que ces changemens font fort falu-
taires & que leurs peres ont toujours
eu cet ufage, d'où il fuit qu'ils doivent le fuivre. Ils ajoutent qu'ils ne
vivroient pas long tems s'ils faifoient
autrement. Peut être que l'experience leur a fait connoitre l'utilité
de cette coutume, qui feroit fort
incommode pour des gens qui vivroient autrement que des Sauvages.

Lorfqu'ils vont à la chaffe ou à la
pêche, ils portent l'hamac avec eux.
Les femmes prennent les utanciles
du ménage. Elles ont de la vaiffelle
de terre de plufieurs façons differentes, des plats, des taffes, des
pots ; tout cela affés mal fait en dehors, mais verniffé en dedans avec
tant d'art, que nos potiers ne feroient pas mieux. Ils font auffi une
certaine compofition de blanc & de
noir détrempée dans l'eau, & de
cette compofition ils peignent plufieurs figures fur leur vaiffelle. Ils
font auffi de petites corbeilles tiffues
fort proprement avec une efpece de
jonc.

A l'égard de leur maniere de recevoir

voir le étrangers , on en jugera par la reception qui me fut faite dans une *Aldeja* aux environs de *Rio-Ja-neyro*. Nous étions un Portugais habitué depuis plus de vint ans au Bre-fil & moi en vöiage de ce côté là & nous nous trouvions à plus de cent pas des demeures de ces Sauvages, quand il en fortit une vintaine, qui vinrent au devant de nous en nous difant *mair ma apadu*. Ce qu'ils repeterent plufieürs fois en nous fai-fant divers fignes d'amitié à leur maniere. Le Portugais m'expliqua ces mots qui fignifient en Brefilien, *Etrangers bien venus*. Ils nous pre-noient entre leurs bras & nous pref-foient la tête contre leur eftomac. Enfuite un de ces Sauvages nous prit nos chapeaux , un autre s'em-para de nos habits, & cela avec une telle rapidité que je crus qu'ils nous alloient mettre nuds. Ce que je trouvai de plus plaifant fut, qu'avec la même rapidité qu'ils nous dépouil-loient , deux autres Sauvages en-doffoient chacun nos habits. A-prés cela ils nous conduifirent à leurs cabanes & pour plus grande cour-toifie nous inviterent à nous repofer

dans

dans leurs *hamacs* , où l'on nous
laiffa un petit efpace de tems dans
un grand filence. Les femmes vinrent enfuite nous rendre la vifite de
ceremonie & s'accroupiffant à terre
fur leur derriere & fur leurs talons, en
fe couvrant le vifage de leurs mains,
elle nous feliciterent aparemment
fur notre heureufe arrivée : car fuivant le Portugais c'étoit à peu prés
le fujet de leur vifite. Pour les com-
plimenter dans les regles de leur civilité , il auroit falu leur repeter les
mêmes chofes & prendre les mêmes
poftures. Le Maitre du logis nous
fit à fon tour fon compliment & nous
dit *Bien venus, comment vous apellés
vous ? que vous faut il ? &c. avés
vous faim ? avés vous foif ?* & fans at-
tendre notre reponfe à ces queftions,
il nous prefenta de l'*Ouicou*, du poiffon , de la chair cruë & du *caouin*.
Tout cela fut mis à terre devant
nous & pour ne pas leur faire a-
front , il falut gouter de ces chofes,
ou du moins en faire le femblant;
car fans cela nous leur aurions fait
un grand outrage. Enfuite ils nous
aporterent diverfes fortes de leurs
denrées & nous inviterent à les
pren-

prendre en troq contre de petits mi-
roirs, des couteaux & quelques autres
bagatelles que nous avions prises pour
échanger. Lorsque nous prîmes con-
gé de ces Sauvages , ceux qui nous
avoient deshabillé en entrant nous
rendirent nos habits avec la même
courtoisie qu'ils nous les avoient oté,
& les femmes , qui avoient toujours
resté accroupies sur leurs fesses
comme des singes se couvrirent le
visage en pleurant & en soupirant
de ce que nous nous en allions.
Voila le ceremoniel Bresilien , tel
qu'il se pratiqua à notre occasion. Il
est sans doute burlesque & comique,
sur tout en le comparant à nos
manieres ; mais je ne sai si la mode
ne seroit pas capable de lui donner
en Europe le même merite qu'elle
donne aux civilités obligeantes que
l'on se fait reciproquement de bouche entre gens qui savent vivre.

Lorsqu'un étranger passe la nuit
avec eux, le chef leur fait aport-
ter un hamac bien net , autour du-
quel il allume du feu qu'il soufle a-
vec un *Tapacou* , c'est une espece
d'évantail qui ressemble assés aux
notres. Ce feu n'est pas seulement
un

un feu de ceremonie & de civilité;
c'eſt auſſi pour eux un feu de Religion, puiſqu'ils croient qu'il ſert à
chaſſer *Agnian.* Ils allument leur
feu avec deux pieces de bois qu'ils
frotent l'une contre l'autre. L'une
des pieces eſt molle, l'autre dure &
longue d'un pied, aigue à l'un des
bouts comme un fuſeau. Ils font
entrer la piece dure dans la piece
molle & l'y tournent avec toute la
force dont ils ſont capables. C'eſt
de cette maniere que le feu s'allume,
que la fumée en ſort, & qu'ils s'en
ſervent à s'éclairer. Si l'étranger eſt
un peu honête, il fait preſent à ſon
hôte de quelque couteau, ou de
ciſeaux. Il donne aux femmes quelques peignes & un miroir, aux enfans des filetz pour pêcher, ou un
petit arc.

Les Sauvages du Breſil n'ont pas
l'uſage des bêtes de charge. Si leurs
hôtes ſe trouvent las & fatigués, ils
les ſoulagent, leur aident à porter
leurs fardeaux, & même ils chargent leur perſonne ſur les épaules.
Ils ont entr'eux les uns pour les autres une affection naturelle plus forte que celle de quelque Nation Eu-
ro-

ropééne que ce foit : car ils ne laiffent foufrir perfonne. Ils ont compaffion des étrangers & foulagent
du mieux qu'ils peuvent ceux qui
font en peine. Mais ils font impi-
toiables quand on leur a fait du mal,
ou quand on les a paié d'ingratitude.
Enfin je fuis perfuadé que l'on fera
quelque chofe de bon de ces Sauvages, quand on prendra une veritable
peine à cultiver leur naturel & à adou-
cir leurs mœurs.

J'ai dit qu'ils vivent tres long tems
& qu'ils font fort fains. Ils ne font
pas cependant tout à fait exemts de
maladies, mais elles n'y font pas fre-
quentes comme chez nous. On eft
fujet au *Brefil* à deux ou trois fortes de *Bicho*. La premiere forte eft
celle que forme un petit vers long &
delié qui s'attache aux jambes des
hommes, & principalement lorfqu'on
fatigue beaucoup, que l'on fe tient
les pieds nuds & les jambes découvertes, ou quand on n'a pas foin
d'étre propre & de changer de
chauffure. Ce *Bicho* groffit entre
cuir & chair, forme des ulceres &
caufe fouvent la gangrene, fi l'on
n'a foin de fe le faire tirer de bonne
heu-

heure. ; Les Sauvages font fort experts, à le tirer , & cela eft caufe
qu'ils ne s'embàraffent pas beaucoup
de ce mal. On eft encore attaqué au
Brefil d'une maladie qui commence
par une inflammation dans le fondement avec des maux de tête infu-
portables, & une fievre continue. Les
nouveaux venus previendront cette
maladie, s'ils ont foin de fe bien laver
aprés avoir été à felle. Les *Pians* font
une efpece de verole. Les Sauvages
font faire une tres rude diette à leurs
malades , jufqu'à ce qu'ils n'en puiffent plus. Ils difent pour raifon
qu'ils tuent le mal par la faim : cependant quand le malade eft prefque
épuifé ils lui donnent à manger.
Comme l'experience & le raifonnement font toujours confondus en
eux avec la plus groffiere brutalité,
il ne faut pas s'étonner qu'en quelque
état que foit leur malade , ils chantent , danfent , mangent & boivent
à leur ordinaire, fans s'embaraffer fi
la tête du malade en foufre : mais
s'il vient à mourir & que ce foit un
chef ou un pere de famille, les chants
fe tournent en pleurs & en lamentations qui durent toute la nuit d'aprés

la mort du malade. Les femmes
hurlent & font des plaintes reiterées
d'une voix aigue & tremblante. Ces
plaintes roulent sur le merite du défunt. Aprés cela on ote le corps,
on lui fait une fosse ronde en forme
de puits ou de tonneau, & on l'y
descend droit sur ses jambes. Le corps
du Chef, si c'en est un, est entortillé
dans son hamac orné de toutes ses
plumes & de ses autres ornemens.
Comme ils croient qu'*Agnan*, ou le
Diable emporteroit le corps du défunt s'il ne trouvoit de la viande autour de la fosse; ils ont soin d'y
mettre des pots avec de la farine, de
la viande, du poisson & du *canin*.
Ils reiterent cette ofrande jusqu'à ce
qu'ils croient le corps corrompu.
Comme ils changent souvent de demeure, afin que l'endroit où est la fosse
ne devienne pas inconnu, ils la couvrent de *Pindo*. (C'est une plante du
Bresil) & toutes les fois qu'ils passent prés de ces fosses, ils font des
chans lugubres à l'honneur des morts
avec un tintamarre épouvantable.
On diroit qu'ils veulent les ressus-
citer.

CHA-

CHAPITRE IX.

*Description de la Ville de Santos, dans
la Capitainie de Saint-Vincent, &
de la petite Colonie de San-Paulo.*

DEux ou trois mois aprés mon
arrivée à la *Baie*, on équipa
quelques Barques pour porter des
provifions aux Portugais établis
dans la Capitainie de *Saint Vincent*,
& comme je fus commandé pour
donner les ordres fur le convoy,
j'eus occafion de m'inftruire affés
particulierement de l'état de cette
Capitainie.

Santos Capitale de la Capitainie eft
une petite Ville tres bien fituée prés
de la Mer. Je ne crois pas qu'il y ait
un port dans toutes les Indes Occidentales plus en état d'étre bien for-
tifié que celui-là, & plus propre à
contenir de gros Vaiffeaux. Cette
Colonie eft de trois ou quatre cent
Portugais Meftices, mariés la pluspart à des femmes Sauvages con-
verties au Chriftianifme, & gouver-
nés

L 2

nés par des Pretres & des Moines, qui poſſedent ce qu'il y a de meilleur dans le Païs : car ils ont quantité d'eſclaves , & beaucoup d'Indiens tributaires, qu'ils obligent à leur fournir une certaine quantité d'argent pour tribut. Cet argent ſe tire des mines des Montagnes qui ſont entre *San Paulo* & *Santos.* Je tiens pluſieurs des habitans Eccleſiaſtiques & Seculiers de la Capitainie de *Saint Vincent* pour riches de plus de quarante mille *Cruzades.*

Ces bonnes gens ſont les plus ignorans que j'aie jamais vû aux Indes Occidentales. Un de ces Meſtices ſachant que je venois de *Portugal* m'envoia prier de le venir voir. Il me reçut à la vérité de fort bonne grace; mais il meſit cent queſtions impertinentes ſur les Païs Europeans. Il me demanda entr'autres choſes, s'il y avoit auſſi des Sauvages en *Portugal* & en *Eſpagne;* ſi les hommes étoient faits en Europe comme au *Breſil :* & comme nous tombames par hazard ſur la poſition differente du *Breſil* & du *Portugal,* qui fait qu'il eſt été en un Païs quand il eſt hiver dans l'autre; qu'il eſt jour ici, quand il

il eft nuit là &c il fit cent fignes de
croix & me repondit qu'il n'auroit
jamais crû qu'on eut pû faire cela à
moins que d'être forcier. Ce fut bien
pis quand je lui dis que j'avois fervi
parmi les Anglois Flibuftiers : il me
demanda, je crois, plus de trente
fois fi je n'étois point heretique ; &
malgré toutes les affurances que je
lui donnai du contraire, il ne pût
s'empecher à la fin d'arrofer d'Eau
Benite la chambre où nous étions
tous deux. Aparemment qu'il croioit
que les Anglois avoient fait de moi
un *Endemoniado.*

Pendant que j'étois à *Santos* il y eut
une petite difpute entre *Nueftra Se-*
nora & le *petit Jefus* qu'elle tenoit.
C'étoit au fujet d'un jeune veuve,
qui avoit bonne envie de fe remarier.
Elle fut confulter l'image de *Nueftra*
Senora, qui lui promit qu'elle feroit
remariée au bout de l'année. Ce ter-
me que N. *Senora* donnoit parut trop
long à la veuve, & cela l'obligea de reï-
terer fes prieres avec tant de zèle,
qu'enfin le petit Jefus, ou plutôt un
moine caché derriere l'image, l'affura
qu'elle auroit un mari au bout de trois
mois, pourvû qu'elle fit un vœu pro-

por-

portionné à la grace qu'elle recevoit : à
quoi la veuve fringuante s'accorda fort
volontiers, & chacun se retira content.
Le miracle fut bien tôt repandu dans
Santos. Je ne sai si la veuve en fut plû-
tôt mariée , mais l'Image y gagna
beaucoup.

Il m'arriva à moi même à *Santos*
une avanture assés singuliere. Malgré l'ignorance & la grossiereté de
ces bonnes gens , les femmes sont,
en fait d'amour, aussi subtiles & aussi ru-
sées qu'en aucune ville de l'Europe.
Un jour que je me retirois chez moi
sur la brune, je fus arrêté par une Ne-
gresse qui me dit que sa Maitresse
lui avoit ordonné de m'enmener à
quelque prix que ce fût. Comme
je savois le danger auquel je m'ex-
posois en la suivant, je balançai long-
tems à repondre à ses instances. Enfin je me laissai gagner. Elle me con-
duisit par un long détour chez sa
Maitresse, afin que la nuit nous sur-
prit avant que d'entrer. Cette femme me reçût parfaitement bien & a-
vec une politesse que je n'aurois pas
attendue à *Santos* : mais il n'y a rien
qui inspire plus de delicatesse & d'ho-
nêteté que l'Amour. Elle n'épargna
rien.

sien pour me regaler magnifique-
ment en plusieurs façons, & je pro-
mis de retourner dés le lendemain.
Cette intrigue dura plusieurs jours ;
mais comme j'étois perdu, si le mari
venoit à la soupçonner, la donzelle
me proposa de prendre l'Equipage
d'un Religieux, & je la vis ainsi sans
aucun risque pendant que je sejour-
nai à *Santas* : car les Portugais res-
pectent les *cornes ecclesiastiques.* Il n'y
a que les *seculieres* qui les deshono-
rent.

Il arriva pourtant à la *Baie* un accident qui montre qu'il y a exception à cette regle. Un Portugais
trouva un Religieux auprès de sa
femme dans une situation qu'il pre-
tendoit ne devoir être permise qu'à
un époux. Il poignarda sur le champ
sa femme & le frere. La chose fit
beaucoup de bruit. La Relaçam en
prit connoissance, & comme il sem-
bloit que le meurtrier n'alloit pas a-
voir beau jeu, on lui conseilla fous
main de disposer de ses meilleurs ef-
fets en attendant la decision de cette afaire, & de s'embarquer pour Lis-
bone. C'est ce qu'il fit.

La maniere dont *San Paulo* se gou-

verne

verne au milieu de la Capitainie de
San Vicente eft affés finguliere pour
en dire ici quelque chofe. Cette
Ville eft à plus de douze lieüës a-
vant dans les terres & enfermée de
tous côtés par des montagnes inacceffibles & par la grande & épaiffe
forêt de *Pernabaccaba.*C'eft une efpece
de Republique compofée dans fon
origine de toutes fortes de gens fans
foi & fans loi, mais que la neceffité
de fe conferver a forcé de prendre u-
ne forme de gouvernement. Il y a
des Prêtres, des Religieux, des Portugais & des Efpagnols fugitifs; des
Creoles, des Meftis, des *Cariboeos*
(ce font des enfans nés d'un Brefilien
& d'une Negreffe,) & des Mulatres.
Cette ville ne confiftoit d'abord
qu'en une centaine de ménages qui
pouvoient faire autour de trois à
quatre cent perfonnes en y compre-
nant quelques efclaves & des Indiens
qui s'étoient donnés à eux. Depuis
15 ou 20 ans elle s'eft accrue dix fois
autant pour le moins. Ils fe difent libres
& ne veulent pas être fujets des Portugais, mais ils fe contentent de paier
tous les ans pour tribut le quint de
l'or qu'ils tirent de leur domaine. Ce

Tri-

Tribut va bien à huit cent marcs par
an. La tyrannie des Gouverneurs
du Brefil a donné naiffance à cette
petite Republique, qui eft fi jaloufe
de fa liberté, qu'elle ne foufre pas
qu'aucun étranger mette le pied dans
fes terres, & toutes les fois qu'ils envoient paier leur tribut, ils ont foin
de faire connoître qu'ils ne le paient
que par refpect pour le Roi de Portugal, & non par crainte ou par obliga-
tion. On affûre qu'ils poffedent quantité de mines d'or & d'argent, & que le
Tribut qu'ils donnent n'eft pas le
quint de ce qu'ils pourroient donner.
On en eft fort perfuadé au *Brefil*,
mais comment forcer des gens qui
habitent dans des rochers qui font
entierement inacceffibles, & qui a-
joutent fans ceffe de nouvelles défen-
fes aux paffages qu'ils ne croient pas
affés fortifiés par la nature?

Les Pauliftes ne marchent qu'en
troupes de 60 ou 80 armés de fléches & de fufils, dont ils ont fû conferver l'ufage. Je ne fai s'ils en favent
faire, mais on affûre qu'ils n'en manquent pas. Comme ils ont le renom
de détrouffer les voiageurs qui s'é-
cartent, & qu'ils reçoivent beaucoup

de

de Negres fugitifs, il se peut que par ce
moien ils amassent des Armes à feu.
On assure aussi qu'il y a parmi eux des
Avanturiers de toutes les nations Eu-
ropeenes & quantité de Flibustiers.
Quoiqu'il en soit, ils font de grandes courses de quatre ou cinq cens
lieuës dans l'interieur des terres. Ils
vont jusqu'aux Rivieres de la Plata
& des *Amazones*, & traversent même tout le *Bresil*.

Les Jesuites du *Paraguay* ont fait
tout ce qu'ils ont pû pour entrer
dans les terres des Paulistes & pour
s'y établir de la maniere qu'ils ont fait
au *Paraguay* : mais ils n'ont pû y
reüssir jusqu'à present : soit que les
Paulistes se défient de leurs vuës,
ou qu'ils ne soient pas assés religieux
pour se soucier de loger chez eux
ces Peres si respectés en tous les autres endroits du monde.

Lorsque des fugitifs se presentent
pour devenir habitans ou citoiens
de la Republique, on leur fait faire
une espece de quarantaine, non pour
les purger du mauvais air du *Bresil*,
mais pour savoir auparavant à quoi
on pourra les emploier & pour voir
s'ils ne sont pas des traitres & des
espions.

emploi. Après un long examen, on
les envoie faire de longues & péni-
bles courses, & on leur impose pour
tribut deux Indiens par tête, qu'ils
doivent amener pour Esclaves. On
emploie ces Esclaves aux mines & à
cultiver les Terres. Si l'on ne sou-
tient pas bien l'examen, ou si l'on
vient à être surpris en désertion,
on est assommé sans miséricorde.
Quand on est enrollé parmi les Paulistes, on y est ordinairement pour
toute sa vie; car ils n'accordent
qu'avec beaucoup de difficulté la
permission de se retirer ailleurs.

CHAPITRE X.

*Suite des Côtes du Brésil &c. Route
que l'Auteur vouloit prendre pour
aller du Brésil au Paraguay. Description de Buenos-Ayres. Voyage
de Buenos Ayres au Perou.*

DE *Cabo Frio* à la pointe de
Buen-Abrigo, il y a cent lieües.
Le Tropique du Capricorne passe au
travers de cette pointe. De *Buen-*

L 6 *Abrigo*

abrigo à la Baie de Saint Michel il y a cinquante lieuës, & de là à Rio de S. Francisco, à 26. Degrés de latitude, il y en a soixante-neuf. De San Francisco à Rio Tibiguira il y a cent lieuës ou à peu près. Rio des Patos est à 28. Degrés. De R. Tibiguira vers Puerto de San Pedro à l'embouchure de Rio de la Plata ou du Paraguay prés des Maldonados, il y a soixante lieuës. Ainsi il y a du Cap S. Augustin jusqu'à l'embouchure de Rio de la Plata environ six cent soixante-dix lieuës.

Rio de la Plata git par son embouchure à 35. Degrés de latitude Meridionale. Elle a vint & trente lieuës de large à mesure qu'elle aproche de la mer, où son embouchure en a bien 70. & elle croit & décroit en certains tems de l'année, ce qui rend le Païs fertile. Lorsque cela arrive, les habitans des environs ont recours à des canots où ils se jettent, errans de côté & d'autre jusqu'à ce que l'inondation soit passée. Plusieurs grandes Rivieres se joignent à Rio de la Plata, comme la Parana, Rio vermejo &c. Ceux des Espagnols qui se sont établis sur ce Fleuve de la

Plata

Plata, ou aux environs, comme à *Buenos Ayres,* à *Santa Fé,* ou à l'*Assomption,* ont remonté plufieurs fois jufqu'à la fource du Fleuve, & couru les bords du *Paraguay* & de la *Parana;* mais il n'y a perfonne qui connoiffe mieux que les Peres Jefuites l'interieur du *Paraguay.* Infenfiblement on s'eft fait un chemin jufqu'au *Potofi* & au *Perou,* & cette route eft fi fréquentée, que le voiage peut bien fe faire en un mois de tems.

Tout le Païs eft fort beau le long de la côte, depuis *Cabo Frio* jufqu'à *Rio de la Plata.* Il y a beaucoup de Bois de Brefil, d'ébéne, &c. Comme ces Côtes ne me font pas bien connues, je n'en dirai pas davantage.

Le Commerce de *Buenos Ayres* & de tout le *Paraguay* eft à peu près entre les mains des Jefuites. On n'en profite qu'autant qu'il leur plaît. Ils font fi puiffans & fi riches, qu'il n'y aura pas moien de tenir contre eux dans quelques années. Ils ont fait dépofer plus d'une fois les Officiers qui leur déplaifent, & comme ils ont le moien de donner beaucoup, ils favent fort bien comment on doit arrêter les procedures d'un Gouver-

L 7 neur.

neam. Ils negocient affés ouvertement & ils ont de puiffantes relations dans le *Paraguay*, par le moien de leurs Conquêtes fpirituelles, qu'ils ont étendues dans l'*Vruguai*, & le *Tucuman*, chez les *Chaques*, & des deux côtés des *Cordillieres*. Il femble impoffible, que des gens qui n'ont pour armes qu'un Breviaire & leur chapelet, qui n'ont rien à donner que des *Agnus*, & qui ne combatent la ferocité des Sauvages que par le figne de la Croix, puiffent vaincre plus de Peuples que le canon. Il eft pourtant fûr qu'avec leurs armes ils ont rangé quantité d'Indiens fous les loix de S. *Ignace Loiola*. J'en dirai davantage dans la fuite de cette Relation, & je me contenterai maintenant de dire qu'ils ont quantité d'or & d'argent qui paffe fort bien à *Buenos Ayres*, fans être *quinté* pour le Roi.

Je féjournai au *Brefil* jufqu'en 1690, & je puis dire que le tems que j'y ai paffé à été prefque le meilleur tems de ma vie. Cependant le defir de me retrouver avec mes compatriotes me fit prendre la refolution d'effaier de me rendre par terre du *Brefil* au *Paraguay*. Le deffein étoit affés assez difficile. Il paroissoit même impraticable par cette voie, à cause des Nations sauvages que l'on rencontre dans cette route. Outre qu'il falloit traverser des montagnes & des déserts inaccessibles : mais malgré ces difficultés je me ferois facilement déterminé à me mettre en voiage par cette route, à cause qu'elle est connue des Pères Jesuites, qui ont étendu leurs Missions dans l'*Vraghai* & chez les *Capulactes*, Peuples sauvages qui bordent la Capitainie de *Saint Vincent.* Je faisois donc état de traverser le *Bresil* depuis *Rio de Janeyro* jusqu'aux *Brasiliens*, trajet perilleux que j'aurois fait avec le secours des Naturels du Païs, qui m'auroient servi de guides. Je comptois de me joindre ensuite aux Missionnaires qui se trouvent chez les *Capulactes* & chez les autres Sauvages des Terres. Ensuite j'aurois gagné la Colonie qu'ils ont fondée dans l'*Vraghai* sous le nom de *Saint Xavier*, & de là suivant avec eux la Rivière qui donne son nom à l'*Vraghai* jusqu'à l'endroit où elle se jette dans la *Plata*, je serois venu tomber à *Buenos-Ayres.* Pendant que je medirois cette course, il

se

se presenta l'occasion d'un Vaisseau
Anglois, portant pavillon Espagnol,
qui, pour se rafraichir, vint toucher
à *Rio de Janeyro* où je me trouvois
pour lors. Comme ce Vaisseau faisoit voile pour *Buenos-Ayres*, je ne
balançai point à m'y embarquer.

Buenos Ayres est une des meilleures Colonies des Espagnols. Cette
ville est située à l'embouchure de la
Plata du côté du Midi; car l'autre
côté apartient aux Portugais, qui ont
quelques habitations sur le rivage du
Fleuve. Les Espagnols y ont un
fort, si tant est qu'on puisse appeller
ainsi une mauvaise redoute accompagnée de quelques huttes & defenduë de trois ou quatre pieces de canon qui servent plutôt de parade
que de defense. Ce côté est fort
exposé aux incursions des *Jarres* &
des *Charrouas*, qui sont des Sauvages errans, ennemis jurés des E-
spagnols & des Portugais. Ces Peuples se conduisent sans aucune forme
de police ni de loi. Ils vivent uniquement de ce qu'ils atrapent dans
leurs courses. Quand ils font des
prisonniers, ils les assomment, les
rotissent & les mangent sur le champ.
Ils

Ils n'ont aucune connoissance des metaux & ne se soucient de quoi que ce soit qu'on puisse leur presenter, excepté de petits couteaux & autres instrumens de fer, qu'ils admirent jusqu'à la folie: car ils les prennent, les baisent & les pressent contre leur poitrine. Ils ont pour armes une espece de Massue. Ils se servent pour coutaux de pierres qu'ils aiguisent du mieux qu'ils peuvent, & de certains os, auxquels ils donnent aussi un tranchant. On assure que les *Maldonados*, & les environs du *Tibiquiri* renferment beaucoup d'or & d'argent: cependant les Portugais ne font presqu'aucun cas des habitations qu'ils ont au bord de la *Plata*.

Buenos-Ayres est defendue par un Fort, ou il y a passablement de munitions, & par une Garnison assés nombreuse, mais mal disciplinée & incapable de soutenir les attaques d'un ennemi aguerri. Enfin cette Soldatesque ne vaut pas mieux que celle du *Mexique* & du *Perou*, & n'a rien de guerrier que l'épée & le fusil: mais elle sert à faire peur aux Sauvages des environs. *Buenos-Ayres*

Ayres fait un grand commerce en
Negres , qu'on envoie par terre au
Perou, en suif, en beſtiaux, en cuirs,
en or & en argent. Le Païs fournit
au Perou beaucoup de bêtes de charge. L'or & l'argent qu'on tire du
Chili & du Perou s'embarquent à
Buenos-Ayres pour l'Eſpagne , ainſi
que les cuirs , qui ſont d'un gros
revenu pour cette Place.

Ces cuirs ſont les meilleurs des
Indes Occidentales, à cauſe de leur
longueur : car les Creoles du Païs ne
chaſſent qu'aux Bêtes d'un certain
ordre , & abandonnent les autres.
Ils ſont ſi experts à cette chaſſe,
qu'ils connoiſſent de loin à la vuë,
ſi les Bœufs ſauvages ſont de la
longueur qu'il leur faut. Après
avoir depouillé de leurs peaux les
Bêtes tuées ils vendent les cuirs aux
vaiſſeaux qui ſont là en charge , à
ſix , ſept & huit Reales la piece.
Pour les charognes on les abandonne
aux chiens ſauvages , qui viennent
en moûte de ſept ou huit cent devo-
rer ces chairs : de ſorte qu'en peu de
tems on y voit à peine les os. Juſqu'à preſent la pareſſe n'a pas permis
à nos gens de détruire cette prodi-
gieuſe

gieuſe quantité de chiens qui enlevent & étranglent beaucoup de bêtail. Ils font bien pis , car ſouvent
ils attaquent les perſonnes.

Je ſéjournai environ ſix mois à
Buenos-Ayres & reſolus enſuite de
paſſer droit au *Perou.* Nous ſortimes
de la ville ſix de compagnie & nous
mîmes en marche pour aller à *Santa
Fé.* On ne ſauroit voir un Païs plus
beau que celui des environs de *Buenos-Ayres.* Tout y eſt rempli d'excellens Arbres Fruitiers & de paturages où l'on voit des bœufs & des
vaches par milliers : mais cela n'empêche pas qu'il n'y faſſe aſſés cher-
vivre. Les Naturels du Païs ſont ſujets
à de grandes indigeſtions d'eſtomac ;
ce que l'on attribue à l'extraordinaire quantité de viande qu'ils mangent
cruë. Les Jeſuites font ce qu'ils
peuvent pour les en deshabituer ,
mais juſqu'à preſent ils n'ont pû en
venir à bout. De *Buenos-Ayres* à
Santa Fé le Païs eſt toujours également beau & bien peuplé. La terre
produit beaucoup de froment & a-
bonde en Bêtes à corne.

Santa Fé eſt une petite Ville au
bord de la *Plata* entre deux Rivières ,

aſſés

affés jolie & batie de chaux & de briques. On affure que la terre entre cette Ville & *Cordoue* dans le *Tucuman* eft pleine de mines d'or & d'argent. Les Sauvages des environs font fort fouvent vifités des Jefuites Miffionaires, qui de tems en tems viennent enlever au Diable plufieurs milliers d'ames, qu'ils enrollent enfuite fous là Baniere de Saint Ignace, & qu'ils fixent dans les Terres qui dépendent de la Societé. Ces Peuples font fort courageux & bravent la mort jufqu'à la brutalité, car ils fe batent quelquefois de fens froid entr'eux à coups de fléches, jufqu'à ce qu'ils tombent morts, & celui qui eft le plus promt à recevoir les coups de fon ennemi paffe toujours pour le plus brave. Ils ne connoiffent point de loix que leurs fantaifies, mais ils ont quelque idée de la Divinité, car ils ont des Prêtres qui fe mêlent de faire les devins. Je m'imagine que par tout où il y a des Prêtres, il y a de la Religion, & que l'un eft toujours relatif à l'autre : mais je ne faurois dire ce que les Sauvages adorent. Tout ce que je fais eft que ces Prêtres haïffent mortellement les
Je-

Jefuites , & qu'ils ne ceffent d'exci-
ter les Sauvages à les détruire : ce
qui n'eft pas étonnant , puifque les
Peres de la Societé en leur otant des
ouailles renverfent la puiffance de
ces Miniftres de Satan.

Ces Sauvages vivent ordinairement dans les creux des arbres &
dans les trous des rochers comme les
Bêtes feroces. Lorfqu'ils vont en
campagne, ils portent des nates
qu'ils font avec beaucoup d'adreffe,
& s'en fervent pour fe dreffer des
cabanes. Ils vivent de chaffe, de
ferpens & de fourmis. On dit qu'ils
mangent auffi des charognes. Ils
portent au menton une pierre qui
leur pend quelquefois jufqu'à la poitrine, & cela fait un effet des plus
bizarres. Je n'ai pas vû de Sauvages
plus defagreables : cependant les
Jefuites en ont civilifé quantité, &
l'on dit que ce ne font pas les moindres fujets de leurs Miffions.

Nous tombames à quelques lieuës
au deffus de *Santa-Fé*, en tirant vers
Sant Jago d'*Eftero*, dans un gros de
ces Sauvages convertis. Ils avoient
à leur tête un homme fort refpecta-
ble par fon air & fa bonne mine. Je
ne

ne sai si c'étoit un Jesuite, mais il
portoit une espece de soutane noire,
un bonnet carré, une croix à la
main & un chapelet au col. Toute
la troupe avoit aussi des chapelets &
paroissoit fort soumise à ce Jesuite
prétendu. Je crus être au milieu
d'une Procession de S. Jaques. Ces
devots Indiens nous firent beaucoup
d'honnêtetés. Ils nous menerent
quelques lieuës plus avant dans le
Païs, tirant vers les Sauvages que nos
Espagnols ont nommé *Frontones*.
Nous y trouvames un camp en bon
ordre. Il y avoit des Croix au milieu
des rangs des cabanes, & la Baniere
des Jesuites, où étoient brodées les
lettres & les armes de la Societé, se
trouvoit dans le Centre au haut d'une
Croix fort elevée. Ces Nouveaux
Chrétiens obeïssoient avec un respect
surprenant aux ordres de quelques
Missionnaires, qui nous regalerent de
chasse, & de fruits. On nous presenta de l'infusion ou teinture de l'*herbe du Paraguay*, qu'on nous servit fort
proprement. Enfin tout se ressen-
tit de la magnificence des Jesuites,
autant que cela se pouvoit dans un
Desert comme celui où nous nous
trou-

trouvions. Je dois dire à la louange
des Jesuites, qu'ils sont les gens du
monde les plus propres à polir & ci-
viliser des Sauvages. Leur patience
& leurs menagemens sont inépuisa-
bles. Quand ils sont dans une Mis-
sion ils tachent d'abord de découvrir quel est l'objet qui frape le plus
ceux qu'ils veulent convertir. Ils
les suivent pied à pied sur cet article, prenant toujours soin de les attaquer avec des raisons qui frapent
les sens. Ils affectent en toutes leurs
vuës une douceur & un desinteres-
sement à toute épreuve, & ne cessent
de les exhorter à la conversion en
leur montrant au bout de la carriere
de cette vie une felicité sensuelle, un
Paradis où l'on sera toujours dans la
joie & dans le plaisir. C'est ce qui
entretient dans ces Indiens un sou-
verain mépris de la vie, d'où suit
une grande indiference pour les richesses, & une soumission excessive
aux ordres des Missionaires. Les Jesuites, aprés les avoir converti, leur
persuadent que rien n'est plus agreable à Dieu que de lui offrir ses biens
& de seconder le zéle de ses fidelles
serviteurs, qui consiste à lui batir
des

des Eglifes, à lui orner des Autels,
&c. qu'ils doivent donc leur aporter
les revenus des terres, & leur paier
des tributs. Quand ils ont gagné ce
point, ils difpofent d'eux en toutes
manieres. Ils vont à la chaffe pour
les Jefuites. Ils aportent aux Jefuites
les meilleures denrées, dont une des
plus confiderables & qui leur produit un grand reveau, c'eft l'*herbe du
Paraguay*. Ils leur aportent auffi de
l'or qu'ils ramaffent dans les ravines
d'eau qui le détachent des montagnes, ou qu'ils tirent des mines qui fe
trouvent du côté des *Calchacos* &
dans *Wraghaï*. Cependant ils ne
ceffent de précher à ces nouveaux
convertis, le peu d'état qu'on doit
faire de ces richeffes qui caufent la
corruption du Siecle ; & ce fermon
fe fait fans faute à l'arrivé du tribut.
Aprés le fermon un Jefuite enleve
ce tribut & le fait porter par des
Indiens aux Magafins de la Societé.

Il n'y a point de bonheur qui ne
foit accompagné de quelques tra-
verfes. Les Jefuites font expofés
quelquefois à de facheufes épreuves.
Les *Chiriguanes*, qui font une nation
er-

errante entre le *Paraguay* & le *Perou*,
en ont souvent massacré : & cela me
fait ressouvenir d'une rencontre
assés plaisante que nous eumes entre
Sant Jago d'*Istero* & *Salta*. A moitié
chemin de cette derniere Place nous
trouvames une cinquantaine de *Gua-*
paches armés de flêches & de maf-
sues aiant à leur tête trois Sauvages,
que nous primes pour trois Jesuites.
Nous en avions deux dans notre
troupe. Cette rencontre inesperée
leur fit tant de plaisir qu'ils en rendirent aussi-tôt graces à Dieu. Ils voulurent s'aprocher ensuite pour saluer
ces trois Missionnaires pretendus, mais
ils furent fort étonnés de trouver au
lieu de trois Peres trois *Guapaches*,
qui avoient le visage peint : ce qui
joint avec l'équipage Jesuitique faisoit un efet des plus bizarres sur le
corps de ces Sauvages. Leurs Reverences voulurent aborder ces *Gua-*
paches, mais ceux-ci leur firent connoitre par signes qu'ils ne les enten-
doient nullement. Nous les couchames
en joue avec nos fusils. Alors toute la
troupe se mit à fuir en jettant des cris
effroiables. Ces trois Chefs Sauvages
portoient des soutanes noires, & des

Tom. I.　　　　M　　　bon-

bonnets de Jesuites. Ils avoient chacun la Croix à la main , & nous ne
doutames point que cet équipage ne
fût la dépouille de trois Jesuites qui
avoient eu le malheur de tomber
entre les mains de ces *Guapaches* &
d'étre massacrés ensuite. A toute
hazard on pria Dieu pour les ames
des pauvres défunts , & nos deux
Jesuites firent pour eux un service
aussi solennel qu'on pouvoit le faire
sur cette route.

Sant Jago de l'*Istero* est sur la Riviere de *Sant-Jago.* C'est une jolie
ville tres bien située pour le commerce du *Perou* & du *Paraguai.* Les
Espagnols y tiennent un *Corregidor.*
Les chemins sont fort mauvais jufqu'à *Salta* , & ne sont pas meilleurs
de *Salta* au *Potosi* ; n'aiant eu dans
la route que des montagnes fort dif-
ficiles & fort perilleuses à traver-
fer.

Il y a au pied de la *Cordilliera* , entre le *Bresil* & le *Perou*, divers Peuples Sauvages inconnus à nos Espagnols. Les Jesuites commencent à
y établir des Missions, & ils y avoient
déja défriché plusieurs milliers d'A-
mes en 1692. Ils disciplinent ces
nou-

nouveaux convertis de la même maniere que dans les Missions du *Para-*
guay & vers l'*Praghai*. Ils leur ont
enseigné à faire de la chaux & de la
brique, & à bâtir des maisons; car
auparavant ils se nichoient dans les
cavernes comme les bêtes féroces.
Presentement ils logent & vivent en
hommes, sous le gouvernement temporel & spirituel des Peres de la
Société.

Ces Communautés sont fort bien
entretenues & les Villages très bien
bâtis. Chaque famille a une certaine
étendue de terre; mais on a soin de
ne leur donner qu'autant qu'il en faut
pour se maintenir entre la pauvreté
& les richesses. Sous pretexte de
craindre la corruption des ames, on
leur ote tout ce que l'on juge devoir
leur être superflu. Le reste entre
dans les Cofres de la Société & sert
à entretenir les Missionnaires & les
Eglises. Les plus habiles de ces Indiens, & les plus dévoués aux Jesuites sont établis Caciques ou Chefs
des Communautés. Il y a des In-
specteurs sur les familles & sur leurs
Domaines. Tous ces Caciques & In-
specteurs sont élevés dans une aveu-

gle

gle déference pour les Peres, &
quand il vient des Jesuites dans la
Bourgade, les Caciques & les principaux Indiens font obligés de leur
aller faire la Cour & de baiser par
respect la manche ou le bas de la
Robe de leurs Reverences.

On instruit ces Indiens à faire toutes fortes d'Ouvrages de Méchani-
que. On leur aprend les Arts, & il
y en a qui savent déja peindre &
chanter parfaitement bien. Les Miffionnaires tiennent tous les ans un
Conseil general, que l'on peut appeller leurs *Grans jours*, pour faire rendre compte à chacun de fon admi-
niftration. On delivre l'état des
Finances à ce Conseil ; on y examine les griefs, & l'on dépofe & chatie
ceux des Caciques & autres Juges
& Magiftrats qui ont manqué à faire
leur charge. Aprés cela on donne à
chacun les nouveaux Reglemens,
ou les changemens que l'on a jugé à
propos de faire aux vieux, afin que
les Officiers établis par les Jesuites
tiennent la main à l'execution. Ces
Communautés font independantes
des Espagnols, & peuvent être regar-
dées comme une partie de la Mo-
nar-

marchie des Miffions du *Paraguay*.
Les Jefuites defendent même à leurs
Sujets la communication avec les E-
fpagnols, & à ceux-ci l'entrée dans
les Terres des Miffions, fous pré-
texte d'empecher que les nouveaux
Chretiens ne fe corrompent avec
eux, & que leur pieté ne foit bleffée
par cette communication. Lors qu'il
arrive à quelqu'Efpagnol d'entrer
dans les Terres de la Miffion, foit
dans le *Paraguai* ou vers le *Perou*,
des gens commis exprés le fuivent
par tout, ou l'accompagnent, fous
pretexte de lui faire honneur.

Les Sauvages de ce quartier là
qui ne font pas encore convertis,
n'ont aucune forme de gouvernement. Ils fe font juftice par leurs
propres mains & vivent errans comme
des bêtes. Ils ont parmi eux, comme tous les autres Americains, des
Prêtres qui leur fervent de medecins,
& qui les gueriffent en fuçant la partie mal afectée, ou par la fumée du
tabac. Ils fe peignent le vifage &
le corps comme les Peuples du Brefil,
& enfilent à des cordons, qu'ils fe
mettent autour du corps, les dens de
leurs ennemis, qu'ils ont maffacré &

M 3   mañ-

mangé. On affure auffi que ces Sauvages font mourir les enfans nouveaux-
nés qui ont le malheur de perdre leur
mere.

A l'égard de leur Culte Religieux,
il eft fans regle & fans raifon. Il
femble qu'ils adorent tout ce qu'ils
touchent: car ils venerent leurs arcs,
leurs flêches, leurs filetz, leurs hamacs &c. alleguant qu'il y a un
efprit dans toutes ces chofes. Par
exemple, lorsqu'une chaffe n'a pas
bien reuffi, c'eft *l'efprit de l'arc ou de
la flêche qui en eft caufé*, & qui eft
irrité contre eux. Alors ils travaillent à l'apaifer par une efpece d'in-
vocation, qui eft dirigée par leurs
Prêtres.

Pour être Prêtre ou Medecin parmi eux, il faut avoir jeûné long-
tems & fouvent. Il faut avoir com-
batu plufieurs fois contre les Bêtes
fauvages, principalement contre les
Tigres, & en avoir été mordu, ou
égratigné tout au moins. Après cela
on peut obtenir l'ordre de Prê-
trife; car le Tigre eft chez eux un
Animal prefque divin, & l'impofition
de fa fainte grife leur vaut autant
que chez nous le Bonnet Doctoral
reçu

reçu à l'Univerſité de *Salamanque.*
Enſuite on leur verſe ſur les yeux le
ſuc de certaines herbes diſtillées , &
c'eſt là l'Onction Sacerdotale , aprés
laquelle ces nouveaux Prêtres ſavent
apaiſer les eſprits de toutes les choſes ſenſibles & materielles, avoir des
relations ſecretes avec ces eſprits &
participer à leurs vertus.

Je me ſuis fait ſouvent cette obje-
ction à moi même. Pourquoi , diſois je , des hommes qui n'ont point
d'ambition & qui ſemblent ne prendre interêt à quoi que ce ſoit qui
entretienne l'avarice , qui ne paroiſſent avoir aucune idée d'une ſubor-
dination ; pourquoi de tels hommes
cherchent ils à tromper les autres
hommes ? Car on ne ſauroit nier que
tous ces Prêtres des *Indes Occidenta-*
les ne ſoient autant d'impoſteurs plus
fins que les autres Sauvages. Je repons à cela , qu'il eſt bien vrai que
les Sauvages ſe regardent tous comme égaux , mais cela n'empêche pas
qu'un raiſonnement naturel ne les
oblige à établir malgré eux un eſpece d'inegalité de condition, qui ſuit
des fonctions auxquelles chacun ſe
trouve deſtiné. Par exemple , la ne-

neceffité , qui les oblige de fe defendre, les oblige auffi à choifir
quelqu'un qui les meine & qui main-
tienne l'ordre parmi eux. La nature
les porte à chercher des moiens pour
fe guerir lorfqu'ils font malades, &
celui qui pretend les fournir eft écou-
té du patient. Si vous joignés à tout
cela quelqu'idée de Religion plus
dévelopée dans les uns que dans les
autres, je ne doute pas que l'on ne
conçoive, comment il y a des Sauvages qui deviennent capables de tromper les autres.

Il y a d'autres Sauvages nommés
Guaicares, qui habitent entre le *Pa-*
raguay & le *Brefil*. Ceux-ci font des
plus feroces, fuivant le rapport des
Miffionnaires, & cependant ils ont
une déference & une foumiffion extraordinaire pour leurs Chefs. On
dit que c'eft une coutume inviolable
chez eux, que quand leurs Caciques
font leurs neceffités, ceux qui font
autour de lui tendent la main pour
recevoir cette ordure. Quelque imper-
tinente que foit cette coutume, elle eft
pourtant veritable, fuivant ce que j'en
ai entendu dire à Lima de la bouche
de deux Miffionnaires qui venoient de
                                    chez

chez ces Sauvages, & je ne vois pas
ce qui les obligeroit à faire de faux
rapports de pareilles chofes. Ils ne
permettent pas aux femmes de fe
colorer le corps avant que d'avoir
mangé de la chair de leurs ennemis.

CHAPITRE XL.

Du Potofi. Des Mines. Defcription
generale du Païs & des Côtes du
Perou. Traverfée de 4 Portugais
depuis l'Embouchure du Rio d'Efqui-
be jufqu'à Quito.

J'Arrivai au *Potofi* au commencement de 1692. Cette ville eft
dans la Province de *los Charcas* ou
de la *Plata*, au pied d'une montagne
qui eft faite comme un pain de fucre.
Elle peut renfermer autour de cinq
mille maifons. Il y a plufieurs Eglifes, beaucoup de Prêtres & encore
plus de Moines, au grand malheur
des Naturels du Païs, qui s'en trouvent fort maltraités. La plus grande
partie des Indiens eft occupée aux
Mines. Ils font obligés de fournir
M 5   pour

pour ce travail autant d'hommes que
nos Efpagnols leur en demandent,
& ceux-ci paient leur travail à raifon,
de deux Reales par jour.

Les Efpagnols & *Creoles* du *Potofi*
poffedent de grandes richeffes : c'eft
ce qui les rend fiers & fuperbes. Ils
ne font vêtus que d'étoffes d'or &
d'argent, car tout autre habillement
ne feroit pas affés bon pour eux. Leur
vaiffelle eft toute d'argent, ce qui
n'eft pas extraordinaire dans un Païs
où ce Metal eft auffi commun que le
cuivre & le fer en Efpagne. Je ne
dis rien des Eglifes, où tout reluit
d'or & d'argent. Ces Edifices facrés
en renferment plus au *Perou* & au *Paraguai*, qu'il n'en faudroit pour rem-
placer tout ce qu'on a tiré de *Porto
Plata* & *Potofi* depuis cens ans.
Les ameublemens des maifons font
magnifiques à l'excés, & cela paroît
même chez les plus fimple Bourgeois,
qui paffent facilement du neceffaire
au fuperflu, quand l'or & l'argent font
communs.

Les habitans du *Potofi* voiagent
dans des branles portés par des Naturels du Païs, à la façon des Portugais
de *San-Salvador* & de *Rio-Janeyro*.

Qua-

Quatre Indiens fupportent ordinairement ce branle fur leurs épaules.
Les femmes n'épargnent rien pour
fatisfaire le luxe fi naturel à leur fexe.
Elles reçoivent les vifites, couchées
fur un petit lit de repos couvert
d'une étofe tres riche d'or ou d'argent, qui eft bordée d'une crêpine
de même façon. Si Madame n'eft
pas couchée quand elle donne audience, elle eft tout au moins apuiée
negligemment fur fon bras. Lorfqu'elles ne font pas obfedées de leurs
maris, ou de quelque vieille gouver-
nante, elles ont la converfation vive
& enjouée : & fi des hommes s'ha-
zardent pour lors de les voir, ils
trouvent des manieres delicates,
des yeux paffionnés & quelque
chofe de plus. Pour peu qu'on
veuille fe rifquer alors, il ne fera pas
difficile de paffer du language des
yeux à celui des mains : mais quand
les maris ou les vieilles font au logis, ce qui arrive prefque toujours,
elles font moins vifibles que ni à
Mexique, ni à *Madrit.* Pour lors leur
occupation ordinaire c'eft de dormir
l'aprés dinée, & de jouer enfuite de
la guitarre. Au defaut de ces occu-

M 6   pa-

pations, elles disent leur chapelet avec beaucoup de devotion, mâchant en même tems du *Coca*, jusqu'à ce qu'elles en soient enivrées. Elles ont aussi la coutume de prendre à toute heure de la teinture de l'*herbe* du *Paraguay*. Cette teinture & le *Coca* sont fort en usage en tout le *Perou*, & il est ordinaire dans l'Amerique Meridionale de regaler de l'une & de l'autre ceux que l'on invite chez soi.

Cette ville est extrémement frequentée à cause de quantité d'Espagnols qui sont interessés aux mines. Ces mines attirent au *Potosi* plus de soissante mille personnes, sans parler de quinse ou dix-huit mille travailleurs. Cependant ces Mines ne donnent plus, depuis douze ou quinze années, le profit qu'elles donnoient autrefois : mais il y en a d'autres dans la Province de *Plata* que l'on pourra ouvrir avec le tems. Les Indiens disent qu'il y a beaucoup d'or & d'argent plus haut vers le Nord; que les habitans du Païs boivent dans des coupes d'or & mangent dans des plats de même metal; qu'ils portent des plaques d'or sur

la

là poitrine , que leurs Boucliers en
font garnis, de même que leurs maf-
fuës , mais qu'ils mangent les gens
tous en vie. Ils debitent plusieurs
autres pareils contes que l'on croira,
fi l'on veut. Quoiqu'il en foit, il est
tres fur qu'il y a beaucoup de mines
d'or & d'argent en tous ces Païs
Meridionaux. Les Sauvages qui habitent au delà du *Potofi* ont accoutumé de crier à nos Espagnols,
d'auffi loin qu'ils les aperçoivent,
Oro oro Plata, (deux mots qu'ils ont
appris fans doute à force de les entendre dire.) & leur font figne d'a-
procher; mais nos gens ne s'y fient
pas.

Les Indiens des Mines travaillent
nuds, afin qu'ils ne puiffent rien
cacher, & cela me fait reffouvenir
de l'avarice de quelques Espagnols
de *Terra Fierma*, qui, aprés que
leurs Negres font revenus de pêcher
des perles, leur donnent des vomi-
tifs violens, pour voir s'ils n'en ont
point caché dans leur eftomac.

Voici un état des Mines du *Perou*,
du *Chili*, & du *Paraguay*, fuivant
le raport qui m'en a été fait par les

In-

Indiens & les Creoles du Païs, &
fuivant ce que j'en ai pû aprendre
moi même dans mon voiage de *Buenos Ayres* au *Potofi*.

au *Paraguay*.

Mines de *Maldonado* incertaines.
    de *Tibiquiri* incertaines.
    de *Sierra Selada* incertaines.
    de *S. Michel* & des montagnes.
    de *L'Vraghai* tres riches fui-
      vant les Indiens du *Para-*
      guay. La Societé des Je-
      fuites les connoit mieux
      que perfonne.

des *Gualaches* — s'il y en a elles
des *Tupiques* — font d'un accés
de *Tajoba* — fort dificile, à
      caufe des Sau-
      vages.

    de *L'Affomption* incertaines.
    des Montagnes du *Paraguay*
      connues, mais on pretend
      qu'elles ne valent pas la
      peine d'être fouillées.
    de *Santa Cruz* la vieille en
      poffeffion des Sauvages.
    de *Santa Cruz de la Sierra*.
    de *Rio Gaapai*.

au

au Perou & Tucuman.

Mines de Loxa & Caxana, Cuenca,
Puerto veio, S. Juan del oro.

d'Oruro.
de Tiviri. } negligées.
de Porco.
de Plata. } fermées.
de Potosi sous plusieurs noms.
de Tomina.
de Chocaia.
d'Atacama.
de Xauxi.
des Calchaques.
de Guasco.
de Coquimbo.
des Montagnes qui sont aux
environs de Cordoue.
de Vilili.
de Carcouja &c.

au Chili.

Mines des Andes. On assure qu'elles
sont tres riches en or, & que
l'on en trouve beaucoup aux
environs de Baldivia & d'O-
sorno &c.

Je

Je viens maintenant à la description generale du *Perou*. Ce Païs fut
decouvert en premier lieu par les E-
spagnols, sous la conduite de *Pizarre*
& d'*Almagre*. On comprend sous le
nom de *Perou* toute cette étendue de
terres qu'il y a depuis *Quito*, jusqu'au
dessous de *Villa del Plata*; & si l'on y
ajoute le *Tucuman*, l'étendue du *Perou* sera bien plus considerable encore. C'est un Païs tres riche, & qui
feroit aujourdhui une puissante Monarchie, s'il n'étoit exposé, comme
les autres Provinces de la Domination Espagnole, au pillage des Vicerois & des Gouverneurs &c. si les
habitans n'étoient pas abandonnés
au luxe & à la faineantise; si une
partie des Moines, qui y fourmillent
comme autant de Sauterelles qui
s'engraissent du revenu de la terre,
étoit reduite au travail, & si les
Indiens y étoient traités avec plus
d'humanité.

Les *Yncas* du *Perou* possedoient des
richesses immenses à l'arrivée de nos
Espagnols. Nos Ancêtres ont écrit,
qu'ils trouverent en ce beau Païs des
maisons dont le frontispice & les toits
étoient couverts de plaques d'or pur.

Les

Les armes des Habitans d'*Anzierma*
étoient, dit-on, d'or maffif. Enfin,
fi l'on en croit nos Hiftoriens, les
Montagnes de la Province de *Quito*
donnoient autant d'or que de terre.
L'*Yncas Athahualipa* offrit pour fa
rançon autant d'or qu'il en pouvoit
entrer dans une chambre de 22.
pieds de long & de 17. de large, &
fi haute, que tout ce que pouvoit
faire un homme debout en hauffant
le bras, c'étoit d'atteindre du bout
des doits à la hauteur du monceau
d'or. Il offrit le double en argent,
mais nos Conquerans étoient trop
bons connoiffeurs en fait de metaux.
Ils choifirent l'or. Chaque Cavalier
eut pour fa part douze mille Caftillans en or, fans compter l'argent.
Chaque fantaffin, 1450. Caftillans
fans compter l'argent. La fomme
qu'offrit L'*Yncas* pour fa rançon n'a-
prochoit pas de ce que fon frere
Guafcar promettoit de paier, s'il eut
eu la vie fauve: car ce *Guafcar* pof-
fedoit tous les threfors de fon Pere
& de fes Anceftres.

Je reprendrai la Côte depuis *Panama* au *Perou*. Il ne faut pas oublier que le vieux *Panama* & *Nombre*
de

de Dios , que l'on a transporté à
Porto-Belo , étoient deux villes à l'o-
posite l'une de l'autre ; l'une à la Mer
du *Sud* & l'autre à la Mer du *Nord*. Le
vieux *Panama* étoit dans une petite
vallée. Le nouveau *Panama* a une ra-
de aussi bonne qu'un havre pour de
petits vaisseaux, parce qu'elle est couverte de trois Iles qui se suivent en
ligne parallele au rivage. Cette ville
est batie sur un terrain uni & revê-
tue de bonnes murailles du côté de
la mer, sans aucune fortification
remarquable. Elle est environnée de
Savanes , de collines & de bois
taillis, avec quelques fermes çà & là,
où l'on nourrit du Bêtail. *Panama*
est le rendés-vous de la Mer du *Sud*,
& l'on y reçoit les richesses du *Perou*.
Sa jurisdiction renferme à present
Nata , *Lavelia* , *Realeio* &c. Entr'autres denrées cette ville reçoit
du *Perou* du maïz , de la farine , du
miel , & de la volaille. Pour les
bœufs & les cochons, ils n'y manquent pas, non plus que les legumes,
les herbes potageres & les fruits,
qui y croissent en abondance.

La Province de *Panama* a été autrefois très peuplée & très riche.

Les

Les rivieres y rouloient de l'or : mais
maintenant & les rivieres & le Païs
font également épuisés. Nos gens pillerent autrefois avec une telle avidité
la terre & les eaux, que je ne doute
pas qu'ils n'eussent pillé de même l'air
& le feu, s'il y eut eu là des thresors à
prendre. Quand on veut traverser de
Panama à *Porto-Belo*, la premiere journée est assés agreable, mais après cela on tombe dans quelques bois.

La saison la plus favorable pour
voiager de *Panama* au *Perou* c'est
dans les trois premiers mois de l'année ; car alors la mer est ouverte,
& les vens de bize y souflent. On
peut aussi voiager à la fin d'Aout &
en Septembre, mais non pas si agreablement qu'en Janvier, Fevrier &
Mars. Les Vens de Sud & Sud
Ouest regnent le reste de l'année &
rendent la Navigation de *Panama*
au *Perou* fort dangereuse. Les Navires qui partent de *Panama* touchent aux Iles des *Perles* & s'y rafraichissent. Ces Iles ont été nommées ainsi, parce que quand on les
découvrit, on y trouva beaucoup
de perles : mais il n'y en a plus maintenant. De là, on prend sa hauteur à
l'Ouest

l'Ouest & l'on vient reconnoitre la
pointe de *Garrachine*, qui est N. O.
& S. E. à *Caboga*. Cette pointe est
une terre haute & montagneuse. De
cette Pointe la côte s'étend à *Rio de
Pinas* S. O. & S. O. quart au Sud. On
voit le long de la mer quantité de
pins dont cette terre porte le nom.
La Côte s'étend ensuite S. & S. quart
à l'Ouest jusqu'à *Cabo de Corrientes*.
Les Courans sont fort rapides de ce
côté là & c'est à quoi il faut prendre
garde. Ces Courans ont leur cours
à l'Est. Les Navires qui sillent la
nuit dans ces parages doivent souvent mouiller l'ancre, & il leur arrive plus d'une fois qu'au matin
croiant avoir avancé, ils se trouvent
arrestés, ou même il se trouve que
les Courans les ont fait dériver : ainsi
ils sont quelquefois quinze ou vint
jours à croiser autour de ce Cap
sans avancer. On vient ensuite à
Palmas & de là à *Bonaventure*. De
Corrientes à *Palmas* il y a 22. lieuës,
De *Palmas*, à la Rivière ou Baie de
Bonaventure 9. Bord à bord du Rivage qui est fort elevé gît un écueil
haut, & c'est l'entrée de la Baie à
trois Degrés & demi. Tout ce côté
est

est bordé de montagnes fort élevées,
& plusieurs rivieres s'y vont jetter
dans la mer. Les vaisseaux entrent
dans le havre par l'une de ces rivieres, mais les Pilotes côtiers qui veulent entrer doivent avoir bonne connoissance de la riviere, sans quoi ils
mettroient les navires en danger.
Depuis la dite Baie la côte court Est
& Est quart au Sud jusqu'à la *Gorgone*
qui est à... lieuës du rivage. La côte
de ce parage est fort basse, pleine
de bois, & de monticules. Il se jette
aussi plusieurs rivieres de ce côté là,
dont la principale est celle de S.
Jean.

Les Indiens qui vivent en ce quartier là sont guerriers & grans ennemis des Espagnols. Ils habitent en
des maisons élevées sur des poutres
en maniere d'échafauts. Elles sont
larges & longues comme une espece
de tonneau, un peu à la façon de
celles qui composent les *Aldejats* des
Bresiliens. Ils habitent plusieurs ensemble. Le Païs est fort fertile. Il y
a beaucoup de volaille & de gibier:
cependant ces Sauvages ne vivent
gueres que de plantains & de maïz.
La terre y est riche en or. Les Courans

rains des rivieres, & les torrens
en entrainent beaucoup des montagnes ; mais ce Païs est si bour-
beux & si marescageux, qu'il ne
peut être conquis qu'avec une ex-
trème peine, & très grande perte de
gens.

L'Ile Gorgone a de circuit environ deux lieües. La terre est eloïée
Il y pleut & tonne huit mois de l'année. C'est dans cette Ile que François Pizarre & ses compagnons furent contrains de combatre pendant
plusieurs jours la faim & plusieurs
autres fatigues, lorsqu'ils allerent à
la decouverte du *Perou*.

Depuis cette Ile la côte s'étend
O. S. O. jusqu'à celle qu'on nomme
del Gallo. Toute cette côte est ine-
gale & l'on y voit plusieurs rivieres.
Cette Ile a une lieuë de tour & gît à
la hauteur de 2. Degrés. D'ici la
Côte s'étend S. O. jusqu'à la pointe
Manglares, ainsi nommée à cause
qu'on y trouve quantité de Mangles.
Depuis l'Ile del *Gallo* à cette pointe
il y a neuf lieües. Dans tout cet espa-
ce la côte est bordée de basses collines & arrosée de quelques eaux qui
se rendent à la mer. De là elle s'é-
tend

tend au S. O. juſqu'à la riviere de
Sant Jagbo. Il y a un Golfe qui
fait un grand coude de terre baſſe,
que l'on nomme *Ancon Sardinas.*
Prés de l'embouchure de la riviere
de *Sant Jagbo* le bord eſt ſi droit,
qu'un vaiſſeau touchant de prouë le
bord ſe trouve pourtant avoir la
prouë à quatre vint braſſes de profondeur. Il arrive auſſi que ſillant
ſeulement à deux braſſes, on vient
incontinent ſur quatre-vint-dix.
Cela vient du cours impetueux de
la riviere, mais cependant ces bancs
ne ſont pas dangereux & n'empé-
chent point les Navires de ſuivre
leur route. La Baie de S. *Mathieu*
eſt au S. E. quart au S. D'ici la
Côte s'étend à l'Oueſt vers le Cap
de S. *François* à dix lieuës de S.
Mathieu. Ce Cap fait partie d'une
terre haute. D'ici la Côte court au
S. O. juſqu'à la pointe de *Paſſao.*
Entre ces deux pointes il y a les rivieres qu'on nomme *Quiximas,* & divers bons havres où les vaiſſeaux
peuvent faire aiguade & ſe rafraichir.
Plus loin tirant vers la terre on voit
les montagnes nommées *Quacos.*
Depuis le Cap *Paſſao* la Côte du *Pe-*

rou s'étend au Sud & S. quart à
l'O. jufqu'à *Puerto-veio* : mais avant
que de venir là on trouve *Characas*
qu'on peut aborder fans danger, car
l'entrée & le débouquement y font
également fûts. C'eft un lieu fort
propre à s'y radouber. On obferve-
ra pourtant qu'à demi chemin ou
rencontre quelques ilets de roche;
mais on peut les éviter. *Puerto veio*,
eft une des cinq villes que les Efpagnols bâtirent d'abord dans le plat
Païs du *Perou:* cependant cette Ville eft
peu de chofe maintenant à caufe de
l'intemperie de l'air. On pretend
pourtant qu'il y a par là des Mines
d'émeraudes : mais jufqu'à prefent
les Indiens du Païs les tiennent ca-
chées. Ces Indiens avoient autrefois quantité d'or & d'argent; prefentement ils n'ont pas grand chofe :
mais une ordonnance du Roi, qui
n'eft pas toujours obfervée, les fou-
lage dans leur pauvreté & ils ne
doivent paier que le dixieme du revenu de leurs terres. Cette pauvreté eft caufe que les Moines les laiffent affés vivre en paix dans la Religion de leurs Peres. A l'arrivée de
nos Efpagnols les habitans de ce
Païs

Païs là fe refugierent fur les branches des arbres comme les oifeaux. Ils y dreffoient même des cabanes pour y être à couvert de leurs ennemis: cependant il ne faut pas attribuer cela uniquement aux perfecutions de nos gens. C'eft un Païs fort marêcageux & fort expofé à des inondations. Le peu de feureté qu'ils trouvent fur terre en certains tems de l'année les a obligés de chercher à fe loger entre le ciel & la terre, pour mettre leur vie à couvert. Lorfque nos gens vinrent les attaquer dans leurs marais, ces Indiens fe défendirent avec un courage extraordinaire, à coups de pierres & de javelots, en leur vuidant fur la tête des pots pleins d'eau bouillante; enfin par tous les moiens imaginables. Ils détruifirent beaucoup de monde; car il falloit effuier bien des coups avant que de pouvoir abatre les arbres fur lefquels ces demi-oifeaux s'étoient nichés : outre qu'on fe trouvoit dans un Païs fort fterile.

C'eft en ce quartier là qu'eft le paffage fameux de *Guainacapac.* Ce *Guainacapac* étoit Pere d'*Athaualipa.*

Tom. I.   N   Ce-

Celui-ci aiant envoié ses troupes à
la conquête de ce Païs dificile, il fut
queſtion de paſſer une riviere, &
pour cet effet ce Prince fit dreſſer
un pont de cordes : mais ces cordes
aiant eté coupées par les ennemis, une
bonne partie de l'Armée d'*Athaua-*
lipa fut emportée par le courant de
l'eau & le reſte diſſipé. Là deſſus
Guainacapac aſſembla de nouvelles
troupes, marcha contre ce Peuple &
le defit entierement : aprés quoi il
reſolut de faire une Digue ſur la riviere, afin de pouvoir la paſſer à
pied. Ce projet ne pût reüſſir, parce que la violence du courant entrai-
noit les materiaux, à meſure qu'on
les poſoit.

Au delà de *Puerto Vieio* & de *Saint*
Jagho on a *Monte Chriſti*, & plus
loin au Sud le Cap *Saint-Laurent*.
Plus au delà & vers le Sud-Oueſt on
trouve l'Ile de *Plata*. C'eſt là que
les Indiens de cette Côte alloient ſa-
crifier à leurs Idoles des brebis, des
agneaux & même de petits enfans.
Lorſque *François Pizarre* & ſes trei-
ſe compagnons découvrirent le *Perou*,
ils aborderent à cette Ile & y trouverent des joiaux d'or & d'argent, des
man-

manteaux à l'Indiene & des cafa-
quins d'une laine magnifique. C'eft
là l'origine du nom de *Plata* qui lui
eft refté , mais on la nomme auffi
Saint Laurent, à caufe du Cap de ce
nom. Les Indiens qui habitent de ce
côté là ont beaucoup de manieres
Juifves, auffi bien que les *Calchaques,*
qui habitent entre le *Perou* & le *Tucuman.* Ceux-là ont une efpece de
circoncifion & ne mangent point de
chair de cochon. Ils ont la voix
tremblante & parlent entre les dens
comme les Mores , mais ils font a-
donnés à la Sodomie, jufqu'à ne faire
cas des femmes que pour la multi-
plication de leur efpece. Ils ont
beaucoup de commerce avec les
Quixos & les *Chevelus* , ainfi nommés parce qu'ils portent de longues
chevelures. Ces *Chevelus* habitent
fur les bords de la Riviere des *Amazones* dans un Païs fi abondant en
or, en Emeraudes & autres chofes
precieufes , qu'il n'y en a point qui
aproche de celui là pour les richeffes. Ils portent de grandes plaques
d'or fur l'eftomac, & aux oreilles, à
caufe dequoi on les a auffi nommé
Plateros. Ils haïffent fort les Efpagnols,

gnols , parce que ceux ci ont eſſaié
pluſieurs fois de les aſſujettir pour
ſe rendre maitres de leurs threſors.
Les peuplades de ces Indiens s'étendent ſur l'un & l'autre bord de
l'*Amazone* , & vers le Fleuve de
Putomaia. Ils changent de nom à
meſure que leurs Colonies s'étendent, & c'eſt ce qui eſt cauſe que
nos gens en ont fait differens Peuples. Ils ont tous la coutume ridi-
cule d'aplatir la tête & le viſage de
leurs enfans auſſitôt qu'ils ſont venus au monde. Ils leur mettent
pour cela la tête entre deux ais de-
ſtinés à cet uſage : ce qui fait qu'a-
vec le tems les traits du viſage groſ-
ſiſſent ſi fort en long & en large,
qu'on diroit de loin , que le viſage
eſt ſur la poitrine. Ils n'enſeveliſſent
point leurs morts , mais ils les pendent à l'air juſqu'à ce que la chair
ſe pourriſſe : aprés cela ils gardent
les os comme des Reliques. Il y
a pourtant de ces Indiens qui brulent
les morts , ou qui les enſeveliſſent
dans des foſſes : mais ils celebrent
tous des anniverſaires à leur honneur par des lamentations & des
pleurs extraordinaires, qui ſont ſuivis

de

de feſtins à leur maniere. Ils boivent
alors avec le même excés qu'ils ont
pleuré.

Lorſqu'ils ſont malades, ils envoient chercher leurs Prêtres. Ceux-
ci leur font accroire que c'eſt un
eſprit qui eſt cauſe de leur mal. A-
lors les Prêtres commencent à conjurer l'eſprit, pour l'obliger à ſortir du
corps du patient, qu'ils parfument
en même tems avec des herbes. Ils
reïterent cela juſqu'à ce que le malade ſente du ſoulagement. Pendant
qu'ils parfument ainſi le malade, ils
marmotent des prieres entre les dens,
& font diverſes grimaces, juſqu'à
ce que le patient acheve d'étre
ſoulagé, & ſi le malade vient
à mourir, ils font accroire aux
parens du mort, que l'eſprit a en-
mené l'ame du défunt dans un lieu
où elle ſera toujours dans les plai-
ſirs, & qu'il a choiſi celle là prefe-
rablement à d'autres. C'eſt un ex-
pedient pour couvrir leur ignorance:
outre que par ces idées ils entretiennent ces Peuples dans la ſuperſti-
tion & dans le mépris de la mort.

Ces Peuples ſont fort nombreux
& étendent leurs courſes dans les
ter-

terres qui font entre l'*Orenoque* &
l'*Amazone*. Ils ont des relations avec
les Indiens de la *Nouvelle Grenade* &
de la *Guiane* ; même du *Brefil*, s'il
eft vrai que les *Tapaios* & les *Toubi-
namboux* aillent negocier avec eux,
comme je l'ai apris à la *Baie*. Ce
qui eft fûr eft que tous ces Peuples
ont une langue commune , par le
moien de laquelle ils font en commerce les uns avec les autres. D'ailleurs je ne fuis point du tout furpris
des courfes extraordinaires de ces
Indiens ; car il eft certain que toutes
ces Nations de l'Amerique ne s'em-
baraffent gueres de la nourriture,
ni du ménage. Ils vivent uniquement de ce qu'ils prennent à la chaffe & de leur *Yucas* ou *Manioc*, dont
ils font du pain. Ils font fi accoutumés à courir, & fi agiles dans leurs
courfes, qu'ils ont beaucoup de peine à fe fixer en un endroit , aprés
qu'on les a civilifé & difcipliné felon notre maniere de vivre.

Tous ces Peuples ont la vengeance fort à cœur & font très cruelle-
ment la guerre à leurs ennemis , à
la façon des autres Sauvages de l'A-
merique. Cependant ils font doci-
les

les & traitables quand on les fait
prendre : & fi l'on pouvoit leur ôter
cette prévention où ils font , que
l'on veut fe rendre maitres de leur
or & de leur argent , je ne doute
pas que l'on ne pût avec le tems for-
mer de grandes correfpondances
dans les terres, en s'établiffant vers
une des Pointes de la *Terra-fierma.*
Il ne feroit pas difficile enfuite de
s'emparer de L'*Orenoque* en batif-
fant fur fes bords , au deffous de
Val de Sayma, une bonne forterefle :
car on feroit en état par ce moien de
profiter des richeffes de ces Païs inconnus , & de trafiquer même jufqu'aux portes de *Quito :* ce qui feroit tomber infenfiblement une partie
du trafic qui fe fait à la Mer du *Sud.*

Toutes les particularités que
je donne ici font le refultat d'une
longue converfation , que j'eus à
Quito avec un Efpagnol fort éclairé
fur ces matieres. Cet Efpagnol
nommé Dom *Pedro de las Fuentes* a-
voit été long tems Directeur pour le
Roi des Mines de *Guancabilca*, & il
étoit actuellement Affeffeur de *Quito :* Charge dont il s'acquittoit avec
beaucoup de prudence & de fageffe.

Il me difoit auffi fort fouvent , que
la negligence & l'avarice des Efpagnols feroient un jour caufes de la
perte de l'*Amerique* : „ car , ajou-
„ toit il , comment eft il poffible
„ qu'une poignée de gens comme
„ nous fommes confervent les vaftes
„ Etats des *Indes Occidentales* contre
„ des milliers d'ennemis Idolatres ou
„ Heretiques ; fans parler de la haine
„ & de l'envie des *Creoles*, qui , quoi-
„ que formés la plus part de notre
„ fang , ne laiffent pas de nous haïr
„ prefqu'autant que les Indiens,
„ parce que nous les méprifons?
„ Nous fommes regardés par les In-
„ diens comme des ufurpateurs & des
„ tyrans, & par les Creoles comme
„ des étrangers. Si les uns & les autres
„ pouvoient s'entendre , il y a long
„ tems qu'on nous auroit renvoié en
„ notre *Efpagne :* mais j'efpere, pour
„ le bien du Roi , qu'ils ne s'enten-
„ dront jamais. C'eft d'ailleurs un
„ effet de la Providence, que les au-
„ tres Peuples de l'Europe ne mettent
„ pas à profit nos defordres & notre
„ mauvaife conduite : car. combien
„ d'endroits foibles n'y a t'il pas dans
„ l'*Amerique* propres à établir des Co-
„ lo-

„ Ionies par lefquelles on pourroit
„ bien-tôt s'infinuer dans les terres
„ que nous poffedons ? ce qui feroit
„ à la fin la ruine de notre negoce. Je
„ vois d'ailleurs que même fans cela
„ les étrangers profitent plus que
„ nous du commerce qu'ils font fur
„ nos terres. Il ne leur refte donc plus
„ que d'achever de nous détruire
„ avec nos propres richeffes, & c'eft
„ ce qu'ils feront bien-tôt, fi Dieu
„ n'arrête leurs progrès, & fi le Roi
„ n'y met ordre.

Il eft certain que c'eft un bonheur
pour nous que les autres Peuples
de l'Europe ne fe gouvernent gueres
mieux que nous avec les Indiens
qu'ils affujettiffent. Ils ont le même
appetit que nos Efpagnols pour l'or &
l'argent du *Nouveau Monde*, & cette
paffion enragée eft caufe que les
Peuples de l'*Amerique* fe défient autant d'eux que de nous. Ceux donc
qui voudroient s'établir fur l'*Orenoque* penetreroient indubitablement
dans les terres & feroient un des plus
beaux commerces qui fe puiffe faire,
fi 1°. ils gagnoient affés fur eux pour
paroitre d'abord indiferens à l'égard
des richeffes du Païs & traiter en
N 5. amis

amis & alliés les divers Peuples qui
habitent entre le *Perou* , le *Brefil*
& l'*Amazone*. 2°. S'ils diffimuloient
les fuperftitions de ces Peuples jufqu'à ce qu'ils fe fuffent bien établis
chez eux; & pour cet effet il ne faudroit pas charger les vaiffeaux & les
Colonies de beaucoup de Moines,
Prêtres & autres Ecclefiaftiques de
quelque Religion qu'ils foient. On
feroit auffi fort bien de défendre aux
Prêtres deftinés pour l'équipage, de
fe mêler en quelque façon que ce pût
être des affaires feculieres de la Colonie. 3°. S'ils venoient à maltraiter les
Indiens fur le fait de la Religion, on
feroit fort bien de châtier leur zéle
indifcret, fans avoir égard à la robe.
4°. Ils faudroit fe contenter de trafiquer de bonne foi avec les Indiens,
fans ufer ni de détours ni de violence.
Il faudroit leur étaler fans affectation
ce qu'on aporte, & leur faire accroire
qu'on a affés de richeffes en Europe,
pour pouvoir fe paffer des leurs, fi
l'on veut. Tous ces Peuples ont une fi
forte paffion pour une infinité de bagatelles qui viennent d'Europe, qu'ils
apporteroient d'eux mêmes quantité
d'or & d'argent &c. en échange.

J'ai

J'ai connu plufieurs mariniers qui fe
font hazardés plufieurs fois de penetrer dans les terres dont je parle, dans
l'efperance de fe charger de threfors : mais je n'en connois aucun qui
foit revenu. Ils ont tous été maffacrés. Cependant le même Dom *Pe-*
dro de las Fuentes me dit à *Quito*,
que quelques années auparavant quatre matelots Portugais, qui avoient
fait naufrage à l'embouchure de *Rio*
d'Efquibe, remonterent cette riviere
jufqu'à fa fource. De là traverfant
plufieurs terres habitées par des Sauvages inconnus, ils vinrent à la Riviere de *Curana*, d'où ils fuivirent l'*A-*
mazone & *Rio Coca*, jufqu'à ce qu'enfin ils vinrent tomber à *Quito*. En
voici la Relation, telle que Dom Pedro me fit la grace de me la communiquer.

Ces quatre Matelots Portugais,
aprés s'être fauvés feuls du naufrage
de leur vaiffeau, gagnerent les bords
de *Rio d'Efquibe* avec quelque peu
de provifions à moitié gatées ou
pourries par les eaux de la mer :
mais ces provifions ne laifferent pas
de les foutenir pendant un affés long
efpace de chemin qu'ils firent avec

N 6　　　　beau-

beaucoup de peril & de fatigues à
travers des montagnes & des rochers, où ils eurent à combatre les
tigres & les ferpens, jufqu'à ce
qu'ils tomberent dans une plaine fort
étendue. Ils prirent le parti de fuivre, autant qu'ils le purent, le cours
de l'*Efquibe* : & ils avoient marché
dejà 15. jours, quand les provifions
acheverent de leur manquer. Ils
s'eftimoient alors à quatre vint ou
cent lieuës de la mer. Cependant le
défaut des provifions n'étoit pas ce
qui leur faifoit le plus de peine, parce qu'ils avoient des fufils avec lesquels ils abatoient chaque jour beaucoup plus de gibier qu'il n'en auroit
fallu pour nourrir dix hommes ; mais
les bêtes feroces qu'ils étoient obli-
gées d'écarter, principalement la
nuit, diminuerent tellement leur
poudre, que pour la ménager dans
la fuite ils refolurent de vivre des
fruits qu'ils trouvoient en abondance
dans tout ce Païs, & qui ne leur
coutoient que la peine de les prendre : fans parler du poiffon que la
riviere pouvoit leur fournir. Mais
comme ils n'avoient pas le moien de
le pécher, ils s'aviferent de faire des
filetz

filetz avec des roſeaux qui ſe trouvent au bord de cette riviere : ce
qui leur reüſſit parfaitement bien.

Tout ce Païs , ſelon leur raport,
eſt parfaitement beau. Il n'y manque rien que la culture : car le terroir paroit tres fertile , propre au
tabac, aux cannes de ſucre, & aux
pâturages. Lors qu'ils eurent fait
environ la moitié du chemin du
cours de l'*Eſquibe*, toujours en le remontant , ils rencontrerent quelques
Sauvages, qui firent mine de les venir attaquer , & qui s'enfuirent à
leur aproche, parce qu'ils apercurent
les armes à feu des Portugais. Mais à
force de ſignes & de careſſes ils les
aprivoiſerent ſi bien, aprés leur avoir
fait entendre le malheur qu'ils a-
voient eu, que ces Sauvages les prirent en amitié. Ceux-ci les menerent
avec eux à leurs cabanes , leur ofri-
rent à boire & à manger : car c'eſt
toujours la premiere marque d'hoſpi-
talité chez ces Indiens. Pour arriver
à ces cabanes, ils firent plus de quatre journées de chemin, & traverſe-
rent de hautes montagnes, d'où deſ-
cendent des torrens qui roulent de l'or
dans leur ſable. Les Indiens leur firent

N 7 en-

entendre que plus avant dans les
terres ils trouveroient des Peuples
puissans & possedant aussi quantité
d'or ; mais fort méchans & fort in-
humains. Je dirai, à l'occasion de
ces signes, que ce language est souvent fort équivoque, ainsi que j'ai eu
occasion de l'experimenter moi-même.

Ces Indiens vont nuds, excepté
une écharpe de coton dont ils se cei-
gnent autour du corps. Ils ont les
oreilles, le né & les levres ornés de
pierres verdâtres fort agreables à la
vuë. Le Cacique ou chef du village
avoit, outre ces pierres, une plaque
d'or pendue sur chaque joüe, & une
autre sur l'estomac. Il ne paroissoit
pas faire beaucoup de cas de cet
or, mais il cherissoit fort les fusils, &
quand il vouloit les manier, c'étoit
avec une précaution capable de les
faire rire en tout autre tems, évi-
tant sur tout d'aprocher de la dé-
tente, quand il eut remarqué que le
fusil faisoit feu aprés qu'on avoit laché
le chien. La première fois qu'ils lacherent leurs fusils chez les Indiens,
ceux-ci sortirent tous de leurs cabanes
& coururent les champs en criant
comme des enragés. Les Portugais
eu-

eurent beaucoup de peine à les faire
revenir de leur fraieur ; mais ces fufils contribuèrent fort à leur attirer
le refpeâ des Barbares qu'ils rencontrerent.

S'il en faut croire les 4. matelots,
ces Peuples ne font pas auffi intraitables qu'on fe l'eft perfuadé jufqu'à
prefent : cependant ils furent fort
bien faire entendre à ces Portugais,
que des gens venus de la mer &
faits comme eux avoient été autrefois
dans leur Païs pour chercher de l'or.
Ils prirent fi bien nos 4. étrangers
en amitié, que tous les jours ils leur
aportoient des poules, des canars,
de la farine & des fruits, fort au delà
de ce qu'il leur falloit pour fe nourrir.

Après qu'on fe fut repofé fept
ou huit jours, les Indiens fe mirent
en marche au nombre de deux cent,
enmenant avec eux les Portugais.
Ces Peuples ne reftent pas long tems
chez eux, non plus que ceux du
Brefil & du *Paraguay*. Ils font fans
ceffe en campagne, ou pour fe faire
la guerre les uns aux autres, ou
pour trafiquer enfemble; & pendant
qu'ils font leurs courfes, ils laiffent
au

au logis les femmes, les enfans &
les vieillars. Ils trouverent, aprés
une journée de marche, les Indiens
Cayaris, qui se joignirent à eux,
& avec lesquels ils marcherent jufqu'au Fleuve des *Amazones*. Les
Portugais furent surpris de la grande propreté des cabanes ou cases de
ces Indiens, chez qui ils virent
beaucoup d'or & de pierreries qu'ils
offroient de troquer aux Portugais,
s'ils vouloient leur donner du fer,
des couteaux & autres pareilles choses : & ceux-ci leur faifoient entendre qu'à leur retour ils aporteroient
ce qu'ils demandoient. Mais rien ne
frapa davantage *les mariniers*, que
l'adresse avec laquelle ces Peuples
travaillent en menuiserie, & la beauté de leurs hamacs, qui étoient peints
en rouge avec des compartimens de
plusieurs couleurs, aussi bien faits
qu'on pourroit les faire en Europe.
Ils virent plusieurs de ces lits en
differentes cabanes, tous également
propres & tous faits differemment.
Cependant ils ne virent aucun in-
strument de fer en toutes les cases
des Indiens. La premiere fois que ces
Matelots parurent, plus de deux cens.
cin-

cinquante canots pleins de femmes
& d'enfans defcendirent la *Curana*
pour les voir, portant avec eux du
poiſſon, du pain fait de farine de
Manioc, & autres proviſions que ces
gens offroient avec beaucoup d'humanité. Une femme entr'autres aiant
vû des ciſeaux à l'un de ces Portugais défit les deux plaques d'or de
ſes oreilles, & les lui offrit en échange.

Les Bords de la *Curana* ſont habités de plufieurs peuples plus differens les uns des autres par les lieux
où ils habitent, que par les maniéres
& les mœurs. Ils ſe ſervent tous
de flêches empoiſonnées, & ſont fort
cruels à ceux qu'ils ſavent être
leurs ennemis declarés ; mais ils ont
beaucoup de compaſſion pour les
miſerables, comme cela parut à l'é-
gard de ces Portugais, dont ils apri-
rent les malheurs à force de ſignes.
Tout le Païs que cette grande rivière traverſe eſt tres fertile, excellent
pour la culture, plein de pâturages
& de toutes ſortes d'arbres fort propres à la charpente. Ces Peuples,
au raport de nos Portugais, ſont tous
riches en or & en pierreries, courageux

geux & adroits autant qu'il se puisse.
Deux Rivieres qui viennent de la
Curana, ou plutot deux bras qui s'é-
tendent de celle-ci dans l'*Amazone*
renferment un Païs isolé par ces quatre rivieres, qui est un vrai *Potosi*,
s'il faut les en croire : car les Naturels
prodiguent l'or sur eux & le trafiquent avec des Peuples éloignés,
comme nous trafiquerions le fer. Ils
disoient en avoir vû ramasser en
quantité au pied d'un rocher, d'où
une de ces rivieres descend avec
beaucoup de rapidité pour s'aller
jetter dans l'*Amazone*.

Ils séjournerent dix huit mois avec
ces Indiens, vivant comme eux &
se faisant à leurs maniéres, allant en
course &c. de sorte qu'ils auroient
pû insensiblement s'habituer avec
eux, si le desir de revoir leurs compatriotes n'avoit surmonté toutes les
commodités de cette vie sauvage.
Ils ne cessoient de le faire entendre
par signes aux Indiens, & ce fut aux
environs de la *Curana* que ceux-ci
les remirent aux *Quixos*, qui viennent
tous les ans trafiquer avec les Peuples de l'*Amazone*. Ils traverserent
avec les *Quixos* le Païs des *Chevelus*,
qui

qui habitent entre ce Fleuve & le
Putomaio.

A l'égard de la maniere de traiter
leurs ennemis , il n'eſt pas probable
qu'ils les mangent, ou du moins ces
Portugais n'eurent pas occaſion de
le remarquer. Cependant ils les tuent
ſolennellement en leurs jours de fêtes & dans les aſſemblées publiques.
Ces Portugais aſſiſterent deux ou
trois fois à de pareilles ſolennités.
Ils élevent les enfans des captifs à
leurs coûtumes, & ſe marient fort
bien avec les femmes des priſonniers,
ſi elles leur plaiſent. Ils ne marchent
jamais ſans leurs Idoles : car s'ils
vont par eau , ils les placent à la
prouë de leurs canots , & s'ils vont
par terre, un Prêtre marche à leur
tête avec l'Idole au haut d'une perche. Pour leurs armes elles ſont toutes empoiſonnées. Outre le javelot
l'arc & la flêche , qu'ils font d'un
bois fort dur & extrémement aigu,
au défaut du fer qu'ils n'ont pas, ils
ont encore l'*Eſtalica.* C'eſt une plan-
che de trois doigts de large & d'une
longueur raiſonnable , au bout de
laquelle il y a un os fait en dent, où
ils arrêtent une flêche de ſix ou ſept
pieds.

pieds de long. La pointe de cette fléche eft d'un bois tres dur. Ils tiennent l'*Eftalica* & la fléche d'une main, en telle forte que la fléche eft arrêtée dans la dent qui eft au bout d'enhaut de l'*Eftalica*, d'où ils lancent la fléche avec une telle adreffe, qu'ils ne manquent jamais leur coup. À la guerre ils commencent la mêlée en chantant, & ils obligent les prifonniers de chanter avant que de les faire mourir.

Il y a dans tous ces Païs un nombre infini de rivieres & de ruiffeaux, qui rendent le terroir fertile, & même une bonne partie de ces rivieres roule de l'or dans fes fables, ce qui prouve que les Montagnes d'où elles découlent doivent avoir des mines fort riches. Le cacao, le tabac, le coton, le fil de *pite*, le *rocou* y font abondans. Il y a auffi une efpece de marbre verd excellent, dont les Peuples de l'*Amazone* font divers ouvrages, comme des colliers, des bracelets, &c. Ils en font auffi des taffes & des gobelets, & même de la vaiffelle commune.

Voila le raport de ces quatre Matelots Portugais, tel que je l'ai reçu
de

de Dom *Pedro de las Fuentes.* Je reviens maintenant à la fuite de la Defcription de la Côte. Suivant la
route Sud & Sud quart à l'Oueft
jufqu'à la pointe de *Sainte Hélene*,
on trouve le port *del Callo*, enfuite
Salango & *Rio Colanche*, & enfin
Sainte Helene, qui eft à 2. Degrés
de hauteur. En dedans de cette
Pointe il y a un golfe vers le Nord,
qui eft un bon parage. A la portée
d'une arbalete on trouve une eau
qui fe divife en quatre ou cinq branches. Il coule de cette eau une
efpece de bitume, dont on pourroit
fe fervir à calfeutrer les navires. Les
Indiens difent qu'autrefois il y a eu
des geans dans ce Païs, qu'ils vi-
voient de poiffon, mais qu'ils ne
laiffoient pas de manger les gens. En
effet les Efpagnols étant à *Puerto
vejo* y trouverent deux Images de
pierre reprefentant des geans, dont
l'une étoit la figure d'un homme &
l'autre celle d'une femme. Les Perouans raccontent ainfi la deftruction de ces geans. Ils difent qu'un
jeune homme defcendit du ciel tout
raionnant de lumiere comme le Soleil,
qu'il les combatit avec des flames
de

de feu; que les pierres & les rochers,
qui furent frapés de ces flames, se
fondirent, ou se fendirent en deux,
de quoi les fentes & les crevasses,
que l'on voit aujourd'hui dans les
rochers, font des preuves manifes-
tes suivant eux; qu'ensuite la peur
fit prendre la fuite à ces geans, qui
se sauverent en des cavernes & des
trous, où ils furent consumés par le
feu de ce jeune homme. En 1553.
Juan d'Helmos Gouverneur de *Puer-
to-vejo* fit fouiller en quelques endroits. On y trouva des ossemens
d'homme si grands & si peu proportionnés aux notres, que la chose en
paroit presque incroïable. Cependant il étoit facile de reconnoitre
aux cranes &c. que c'étoient des
ossemens d'homme. Les dens des
machoires avoient trois doits de large & quatre de long.
  Les Naturels du Païs portoient
autrefois des joiaux d'or à leur né
& à leurs oreilles. Ceux qui demeurent plus avant dans les terres en
portent encore, & possédent plusieurs mines d'émeraude, à ce qu'on
assure. Ils se noircissent le corps &
portent les cheveux coupés devant
&

& derriere la tête. Ils ont aux bras
& aux jambes des colliers d'or &
d'argent, & trafiquent avec des Indiens, qui demeurent , à ce qu'ils
disent , à plus de six cent lieuës
d'eux.

· Ce Païs est chaud & mal sain. Entr'autres maladies il y regne souvent
une sorte de galle douloureuse, dont
les pustules sont grosses comme des
noisettes. C'est une espece de petite verole , car elle laisse des creux
comme celle-ci , mais plus grans &
plus diformes. On l'enleve avec
des fils fort fins , quand elle est
meure.

Ces Indiens ont aussi la coutume
de se peindre la bouche & le visage,
& de se percer les joues & les levres
pour y mettre des ornemens d'or &
d'argent. Leurs canots sont faits de
cinq , sept & neuf longs bâtons
joints ensemble , de telle sorte que
celui du millieu est le plus long &
que les autres vont tous en dimi-
nuant. Lors qu'ils les mettent à
l'eau, ils font, pour attirer la bene-
diction de leurs Dieux, une espece de
sacrifice, qui consiste à jetter dans la
mer du pain & des fruits. Lorsque
nos

nos Espagnols aborderent en ce quartier là, ils y trouverent des Temples tres riches, tous percés du côte de l'Orient où pendoient de belles toiles de coton. On voioit en ces Temples deux Idoles de pierre, chacune sous la forme d'un bouc noir. Il y avoit devant ces Idoles un feu allumé où ils jettoient du bois qui distille le baume connu sous le nom de *baume du Perou*. Ces arbres croissent là en quantite & le baume qui en découle est d'un usage admirable. On voioit encore dans ces Temples des figures de serpens : mais outre les Divinités publiques, chacun avoit la sienne en particulier & suivant sa profession. On voit encore dans les Terres qui aboutissent au *Cabo Passao* des Temples d'Idoles, aux pilliers desquels il y a des hommes & des enfans mis en croix, des têtes d'Indiens &c. Tout cela séché & conservé parfaitement bien.

De la Pointe de *Sainte Helene* à l'Ile *Sainte Claire* à l'embouchure du *Guaiaquil* il y a 17. lieuës, de *Sainte Claire* à *Tumbez* il y en a 6. La Riviere de *Tumbez* gît S. S. quart à l'Est

l'Eſt de ladite pointe. Les Montagnes de *Tumbez* s'étendent le long
de la côte juſqu'à *Punta-maro*. Entre *Sainte Helene* & la Riviere de
Tumbez on trouve l'Ile de *Puna* ou
de S. *Jaques*, qui a ſept lieuës &
demies de tour, autrefois tres riche
& fort habitée. Ces Inſulaires é-
toient perpetuellement en guerre
avec ceux de *Tumbez* & les autres
Indiens de la Terre ferme : mais tout
cela a changé à la vénue des Europeans. L'Ile de *Puna* eſt fertile en
fruits & en gibier. On y pêche
beaucoup de poiſſon. Il y a bonne
aiguade. Ces Inſulaires avoient autrefois des canots qui pouvoient tenir juſqu'à cinquante perſonnes, &
qu'ils menoient à voile & à rame.
Ces canots furent cauſe de la perte
de quantité d'Eſpagnols : car, pour
ſe vanger des mauvais traitemens de
leurs nouveaux hôtes, quand les
Perouans étoient obligés de les paſſer d'un lieu à l'autre dans ces canots, ils défaiſoient une partie du
fond & les faiſoient noier. Pour eux
ils ſe ſauvoient à la nage. Ils avoient
pour armes des frondes, des arcs,
des maſſes d'argent, des lances à

Tom. I.   O   poin-

pointes d'or. Les hommes & les femmes portoient des joiaux d'or & d'argent. Le *Cacique* de l'Ile étoit fort refpecté de fes fujets, & fi jaloux de fes femmes, qu'il faifoit non feulement couper les parties naturelles, mais encore le nez à ceux qui en avoient la garde. *François Pizarre* y fut parfaitement bien reçu, mais les Infulaires remarquant qu'il en vouloit à leur or & à leur argent; qu'avec cela les Efpagnols s'émancipoient auprés des femmes; & qu'enfin ils n'avoient pas dans leurs manieres, toute la bonne foi requife, chafferent *François Pizarre* & fes gens. Celui-ci indigné de ce traitement chefcha de s'en vanger fur ceux de *Tumbez*, qui fe retrancherent plus avant dans le Païs. Alors *Pizarre* feignit de vouloir bien vivre avec eux, rechercha leur amitié & parla de paix. Il invita le *Cacique* à venir chez les Efpagnols. Le Cacique n'en voulut rien faire: mais les Efpagnols trouverent moien de le furprendre, s'emparerent enfuite de la Ville de *Tumbez*, & pillerent ce Temple fi riche & fi fameux, qui étoit dédié au Soleil. C'eft là auffi que les Efpagnols

gnols s'inftruifirent des grandes richeffes du *Perou.*

On affure qu'il y avoit autrefois
dans l'Ile de *Puna* des Temples qui
renfermoient de riches threfors. Ces
Infulaires étoient de grans idolatres,
& fort enclins au péché contre nature. C'eft en cette Ile que fe retira
Vincent de Valverde , Moine qui fut
le premier auteur de la guerre contre
les *Perouans,* & enfuite premier Evêque du *Perou.* Il s'y retira pour fe
fauver de *Diego* d'*Almagre* ; mais
aiant eté decòuvert & furpris par les
Infulaires , il fut affommé à coups
de maffue: digne recompenfe , pour
s'étre mêlé de chofes qui ne font pas
du reffort de la devotion.

Il croit en cette Ile & à la côte
beaucoup de *Salfepareille.* Les Indiens en tirent le jus, le mêlent avec
de l'eau chaude & le donnent aux
malades pour les faire fuer.

Les Indiens de *Puna* enfeveliffoient
leurs morts à *Sainte Claire,* & y faifoient leurs facrifices. Leurs fepul-
chres étoient fort élevés , & il y a-
voit beaucoup d'or & d'argent en-
foui à l'honneur des morts qui lo-
geoient dans ces tombeaux. Voiant

l'avi-

l'avidité de leurs nouveaux hôtes les
Espagnols, ils cacherent ces richeſſes
autant qu'ils purent; & il arrive encore aujourd'hui que l'on découvre
une partie de ces threſors.

Les environs de la Riviere de
Tumbez ſont encore aſſés habités,
mais ils l'étoient bien davantage
avant la venue de nos Eſpagnols.
Une partie de ces Indiens s'eſt trans-
plantée en des terres plus éloignées.
Il y avoit autrefois prés de cette Riviere une forterthe batie par les
Incas de *Cuſco*, qui regnoient ſur
tout l'*Empire* du *Perou* & même
au delà. Ils y tenoient leurs threſors, & il y avoit auſſi là un riche
Temple dédié au Soleil, avec un
Convent de *Mamacanas*. C'étoient
des femmes & des filles qui s'étoient
vouées au Soleil, & qui le ſervoient
dans ce Temple, ſans jamais rompre
le vœu du celibat, ni violer leur
virginité, comme les anciennes Veſ-
tales Romaines. Quoique cette for-
tereſſe ait été entierement ruinée, on
voit encore dans ſes maſures des
marques de la magnificence du bâ-
timent.

L'embouchure de la Riviere de
Tum-

Tumbez eft à quatre ou cinq lieuës
au Sud. Je ne dois pas oublier, a-
vant que de quitter cette Riviere,
une chofe affés particuliere. C'eft
que nos gens trouverent de ce côté
là des perfonnes à qui il manquoit fix
dens de la machoire fuperieure. On
ne fait s'ils faifoient cela par un principe de fuperftition ou de vanité,
ou fi c'étoit une peine que les *Incas*
impofoient. On croit pourtant qu'ils
faifoient de leurs dens un hommage à
leurs Idoles.

Depuis la Riviere de *Tumbez* la
côte s'étend au S. O. jufqu'à *Cabo-
blanco.* Ce Cap git à 3. dégrés &
demi. De là la Côte s'étend au Sud
jufqu'à l'Ile de *Lobos.* On trouve
entre le Cap & l'Ile la Pointe de
Parina, qui s'étend en mer à peu
prés comme le Cap. Depuis la pointe l'étendue de la côte eft au S. O.
jufqu'à *Paita. Saint Michel* eft entre
Cabo-Planco & *Paita.* Cette Ville,
qui fut une des premieres que nos
gens bâtirent dans le *Perou*, fous la
conduite de *Pizarre* en 1531. eft
maintenant peu de chofe.

Toute la Côte de *Tumbez* eft
baffe, fans collines & fans monta-

gnes,

gnes, excepté quelques petits ter-
tres fteriles, pleins de fable & de
gravier. Le Havre de *Payta* eft par
delà la pointe à 6. Degrés. C'eft
un fort bon havre, propre à y donner le radoub aux Navires, & une
des étapes du *Perou.* Il eft Eft &
Oueft à l'Ile de *Lobos. Payta* eft une
petite ville bâtie fur le fable fous
une hauteur. Elle renferme 140. à
150. maifons d'un étage, & deux E-
glifes. Deux Forts la défendent, l'un
prés de là mer, l'autre du haut de
l'eminence. Suivant la Côte au Sud
on vient à la pointe de la *Scura.*
Cette pointe fait un grand golfe où
il y a bon abri pour les vaiffeaux.
Elle eft à 6. Degrés de Latitude
Meridionale. De là on vient à deux
Iles nommées auffi *Ilhas de Lobos*, &
qui font à la pointe Nord & Sud.
La prémiere eft à trois lieuës d'E-
fpagne du Continent. De là à
Malabrigo la Côte s'étend N. E. &
S. O. C'eft un lieu où les vaiffeaux
ne peuvent entrer que par un bon
tems. Sept à huit lieuës au delà eft le
recif de *Truxillo*, mauvais havre,
où tout ce qu'on peut faire c'eft d'y
étre à l'ancre. Les Vaiffeaux y vont
pour-

pourtant aborder pour fe rafraichir.
Truxillo eft dans les terres, à deux
lieuës de la mer. Cette ville eft du
nombre de celles que les Efpagnols
ont bâties dans le *Perou.* Elle eft
fur le bord d'une riviere en la vallée
de *Chimo.* Le terroir qui l'envi-
ronne eft tres fertile & tres abondant
en maïz & en bêtail. La ville eft
fort bien bâtie. Ses ruës font larges.
Elle a une belle place qui fert de
marché, & l'on voit autour de la
ville de beaux jardins, qui font
verds & rians toute l'année. Nos
Efpagnols y cultivent tous les fruits
qu'on voit en Europe, fans parler de
ceux du Païs qui font excellens. Le
gibier & la volaille y font fort communs & de tres bon goût. Les Indiens y apportent leurs denrées de
cinquante ou foiffante lieuës à la
ronde, & c'eft un des endroits où
je les ai trouvé le plus affables à nos
gens.

    Truxillo eft une des Villes des *Indes*
Occidentales le plus peuplées. Ses
richeffes font convoitées des Avanturiers : mais une forterefſe les tient
en refpeƈt ; quoi qu'elle ne foit pas
à beaucoup prés dans l'état où elle

de-

devroit être, pour défendre une Place telle que *Truxillo.* On fait en cette Ville un grand commerce d'eau de vie, de fucre, de confitures & de foies.

Il part tous les ans de *Truxillo* pour *Panama* quatre Navires remplis de marchandifes du Païs; & fouvent des vaiffeaux entiers font chargés de belles toiles de coton fabriquées par les Indiens. Ces toiles fe portent en plufieurs lieux des Indes Occidentales.

Cette Ville a eté fondée par *Pizarre* en 1533. Son Evêque a de revenu fept mille pieces de huit, & ceux qui deffervent l'Eglife aprés lui ont à proportion : mais il y a de plus le tour du bâton. La Cour de Juftice de *Truxillo* dépend de *Lima.*

Il y a quarante cinq lieuës d'Efpagne de *Truxillo* à *Saint Michel.* On paffe par la vallée de *Motupa,* qui en eft à quinze lieuës. Cette vallée eft large & fertile, bien que la riviere, qui prend fa fource des montagnes, vienne à fe perdre avant que de fe rendre à la mer. A trois lieuës de là on trouve la vallée de *Xavanca,* qui eft traverfée par une ri-

riviere. Ces deux vallées ont eté fort habitées autrefois, & il y avoit beaucoup de Palais de grans Seigneurs du *Perou.* De cette vallée on passe à celle de *Tuquema*, qui est assés grande & pleine de petits bois fort agreables. On y voit encore les ruines de plusieurs *Palais.* Une journée au delà on vient à celle de *Cinto.* On ne voit entre ces deux vallées que sable & rochers sans habitations, & ceux qui passent par là ont besoin de bons guides pour ne pas s'égarer à travers les sables. Plus loin on trouve la vallée de *Colliquen*, qui est arrosée d'une riviere de même nom qui la traverse. Enfin on vient à *Zana* ou *Mira-flores*, & ensuite à *Pascamaio*, la plus fertile & la mieux habitée de ces vallées.

On assure que les habitans de toutes ces vallées étoient fort puissans & fort respectés de leurs voisins, avant que d'avoir été subjugés par les *Incas.* Ils avoient des Temples tres riches, où ils sacrifioient à leurs Idoles avec beaucoup de magnificence: mais maintenant ces Temples sont ruinés. Le grand Chemin Roial des *Incas* passe par plusieurs de ces

O 5   agrea-

agreables vallées, où l'on voit beaucoup de paturages, & de Maisons
de Campagne. Il y a plusieurs sucre-
ries considerables dans celle de
Chancama. Les Espagnols y ont
bati un Couvent de Dominicains, &
ces bonnes gens y prient Dieu fort à
leur aise, dans une sainte abondance de toutes choses. Les Creoles y vont faire leurs devotions, & ne
s'en vont jamais qu'ils n'y laissent
quelque don : sans parler des dixmes
& de plusieurs autres gains sacrés
tres considerables.

Il y a encore prés de *Truxillo* une
fort agreable vallée. C'est celle de
Chimo. Truxillo est à 8. Degrés de
Latitude Merid. De *Truxillo* on va à
Santa, Ile & port de même nom.
L'Ile a une lieuë de longueur. La
ville est à l'embouchure d'une riviere dont l'eau est tres bonne. Toute
cette côte est sans montagnes, mais
il y a seulement quelques petits ter-
tres pierreux & steriles. Le port de
Santa est à 9. Degrés. A quatre
lieuës plus loin est le port de *Ferol.*
Ce havre est tres bon & tres sur,
mais on n'y trouve ni eau douce ni
bois à bruler. Cinq lieuës plus loin
on

on a *Casma.* La Côte s'étend ensuite
au Sud jusqu'à *Los Farallones* de
Gaura. On trouve *Guarmay* à l'embouchure d'une riviere agreable. De
là on suit la même route toujours
au Sud jusqu'à *Barranca.* Quatre
ou cinq lieuës plus loin on a le havre de *Gaura* où l'on trouve beaucoup de bœuf salé , dont on fait un
grand commerce avec *Lima* & *Pa-*
nama. Il y a tant de sel de ce côté
là , que je crois, sans exageration,
qu'on en pourroit fournir l'Espagne
& l'Italie tout à la fois. A trois lieuës
de là on a les écueils qui sont N. E.
& S. O. à la pointe la plus proche.
Ces écueils sont à 12. Degrés. D'ici
la Côte tourne au S. E. jusqu'à
l'Ile & port du *Callao.* A demi chemin & un peu plus vers *Lima* , on
a un rocher nommé *Salmerina.* Le
Callao est à 12. Degrés & à deux petites lieuës de *Lima.*

CHAPITRE XII.

De l'état des Perouans *naturels, qui*
font fous la Domination Efpagnole.
Maniere dont on traite les Heretiques
que l'on a fait prifonniers. Baptême
des Convertis. *Des mines* &c.

LEs Naturels du *Perou* s'abatardif-
fent tous les jours de plus en
plus , & il eft à craindre qu'à la fin
on ne voie plus aucune marque de
cette induftrie avec laquelle ils reüffif-
foient dans tous les Arts Mechaniques
& Liberaux. Il feroit pourtant facile de
remedier à cela , en arrêtant les in-
folences & la tyrannie de ceux qui
poffedent les Charges Civiles , & en
reprimant la licence des Ecclefiaftiques : mais il n'y a gueres d'aparence à cette reforme, parce que les
Efpagnols que l'on envoie au *Perou*
y viennent en loups affamés, & que
les Ecclefiaftiques,qui font la plufpart
avares , ignorans & artificieux ,
ne fe foucient de la Religion que
pour s'attirer le refpeét & pour la faire
fer-

fervir à leurs paſſions déreglées. Je
pourrois donner diverſes preuves de
ce que j'avance; mais je me contenterai d'indiquer ici ce qui ſe pratique
ordinairement aux Baptêmes & aux
Enterremens.

Lors qu'il eſt né quelqu'enfant
dans la Paroiſſe, la premiere choſe à
laquelle il faut ſonger, c'eſt de paier
les droits du Curé. Ces droits montent quelquefois à des ſommes ex-
ceſſives pour l'état des Parens de l'enfant: mais le Curé ne regarde gueres
à cela, & il arrive ſouvent que l'enfant meurt avant que l'on ait ramaſſé
la ſomme qu'exige le Curé. J'ai vû
des Parens demander à mains jointes,
& les larmes aux yeux le Baptême
de leurs enfans, ſans pouvoir l'obtenir, parce qu'ils n'avoient pas dequoi paier. Il en eſt de même des
enterremens, qui ne ſe font qu'en
paiant des droits fort hauts, & il en
coute quelquefois aux riches juſqu'à
huit ou neuf cent piaſtres. La
pauvreté ne met pas les pauvres à
couvert de ces exactions, & cela
me fait reſſouvenir d'une pauvre
femme des environs de *Lima*, qui
n'aiant pas dequoi paier pour faire

en-

enterrer un enfant qui lui étoit mort,
fut obligée de le garder trois ou quatre jours chez elle , faute de moiens
pour l'enterrer. Le Curé, homme dur
& grand escroq, ne voulut jamais entendre parler du *gratis*. A la fin la
pauvre femme ne pouvant plus su-
porter la puanteur du corps mort,
que la chaleur rendoit excessive, alla
jetter ce miserable cadavre à la porte
de cet indigne Prêtre, qui fut obligé
de le faire enterrer malgré lui par un
Indien.

J'attribue à ces exactions & à une
infinité de violences que l'on commet impunément, la faineantise des Indiens & toutes leurs fraudes. Ils ont
d'ailleurs beaucoup de penchant à la
débauche & à l'ivrognerie, que l'on
n'a garde de reprimer; parce qu'elle
les rend insensibles & stupides, & par
consequent plus soumis à tout. Ils
font timides & laches , mais quand
ils peuvent se revanger contre les E-
spagnols, ils les traitent fort cruelle-
ment. Nos gens disent que les Indiens n'ont point d'honneur , qu'ils
vivent comme les bêtes & qu'ils
commettent inceste avec leurs meres
& leurs sœurs. Il est bien vrai qu'il
                                y en

y en a de fort vicieux; mais les Curés ne s'en mettent gueres en peine. Pourvu qu'ils foient baptifés & qu'ils paient les droits qu'exige le Curé, ils font toujours affés bons Chreſtiens. D'un autre côté les Indiens font plus malheureux que les bêtes; car aprés avoir travaillé comme des forçats aux mines & à tout ce qu'il y a de plus rude, on leur enleve en un jour tout ce qu'ils ont gagné pendant plufieurs mois. Cette tyrannie eſt caufe que les Colonies diminuent, parce qu'une bonne partie des Naturels retourne à l'idolatrie, pour vivre tranquillement avec les Sauvages qui font plus avant dans les terres. Il y en a même plufieurs qui abandonnent de defefpoir femmes & enfans; & nos Efpagnols, au lieu d'avoir compaffion de leur mifere, en font des efclaves, pour fe vanger de la fuite de ces miferables oprimés.

Lors que nos gens atrapent quelqu'Anglois ou quelque François, (qu'ils regardent comme heretiques, auffi bien que les premiers,) le moins qui leur arrive eſt d'être envoiés aux mines: car bien fouvent on les fait mourir de faim, on les déchire à coups

coups de fouet & on les pend. Ils
en ufent ainfi à l'égard des Avanturiers, qui font la plufpart Anglois ou
François, & de ceux qui viennent
negotier fur les Côtes fans permif-
fion, (laquelle ne s'accorde jamais
directement,) ou fans la collufion
des Garde-côtes. On emploie dans
le *Mexique*, beaucoup de ces prifonniers, à couper du Bois de teinture & à quelques Manufactures, où
ils font traités avec toute la rigueur
poffible. Avec cela on ne leur donne
qu'à moitié leur faoul de méchante
nourriture, qui n'eft fouvent que du
pain moifi avec du piment. Il y en
a plufieurs qui meurent de fatigue &
de mifere. D'autres fe convertiffent
& s'établiffent dans le Païs. C'eft
le moien le plus feur pour s'afran-
chir de l'efclavage. On rebaptife
les heretiques qui fe convertiffent, & cette Ceremonie fe fait
avec beaucoup de folemnité. On
donne un parrain au converti; on
lui met du fel fur la langue & on le
frote d'huile avec du coton. Aprés
cela on le fait marcher en proceffion
par la ville en habit blanc & fuivi
d'une foule de Prêtres & de Moines
juf-

jufqu'à la principale Eglife du Lieu ,
où le nouveau Converti fait fa confeffion de foi. S'il veut s'attirer la confiance publique & de bons patrons,
il faut qu'il entre auffi-tôt dans quelque Confrairie. Le coton & le fel
qui ont fervi au Baptême de l'Heretique, font regardés comme des Reliques , & la Ceremonie du Baptême
eft à peine finie, que les plus devots
s'empreffent à tacher d'en avoir des
brins de la main du Prêtre.

On ne fauroit croire combien il
perit d'Indiens aux mines , foit par
les mauvaifes vapeurs , qui les tuent
quelquefois du premier coup , ou
par la dureté du travail , qui n'eft
pourtant paié qu'à quatre reales par
jour. Comme il faut creufer la mine ,
à mefure que l'on veut en tirer le
mineral, il arrive fouvent que la terre, qui s'éboule, étoufe les travailleurs. Il en perit auffi beaucoup à
monter & à defcendre le long des
* *arbres* deftinés à cet ufage. Ceux
qui

* C'eft une efpece de piloti où il y a
de diftance en diftance des entaillures pour
pofer les pieds. On monte & defcend avec
un flambeau à la main, & ce qui contribue

à

qui travaillent aux mines fe garantif-
fent du mauvais air, en mâchant beaucoup de *coca* & en beuvant tres frequemment de l'*herbe* du *Paraguay*.
Ceux qui demeurent aux environs
des mines font obligés de pratiquer
la même chofe, à caufe des fufoca-
tions continuelles auxquelles ils deviennent fujets par la malignité de
ces vapeurs, qui rendent l'air qu'ils
refpirent pefant & mal-fain. Les Indiens qui travaillent à ces mines font
encore expofés à un facheux accident, c'eft un engourdiffement dou-
loureux dans tous les membres.
Cette maladie faifit ceux qui ne font
pas encore accoutumés à ce travail,
ou qui ne font pas affés robuftes
pour refifter à la fatigue. On affure
que le meilleur remede eft de rappor-
ter le malade dans la mine : mais quoiqu'il en foit, je fai bien qu'à force de
retomber dans ce facheux accident,
plufieurs en demeurent perclus pour
le refte de leur vie.

C'eft au refte une chofe remarquable

à faire perir les travailleurs qui montent,
c'eft la pefanteur du metal qu'ils emportent
avec eux, dans un fac qu'ils chargent fur les
épaules.

ble que les Païs ou il y a des Mines
d'or & d'argent, foient generalement
fteriles & mal fains ; que les grandes
précautions qu'il y faut prendre pour
fe conferver la fanté doivent être
continuelles, & que malgré ces précautions, les habitans aient toujours
la couleur mauvaife & pâle ou jau-
nâtre. Cette indifpofition s'étend
fur les bêtes & fur les plantes, comme fur les gens ; & je dirois prefque
qu'elle eft l'effet de la peine que Dieu
inflige à ceux qui s'habituent dans
ces endroits, pour l'amour de l'or &
de l'argent qui y croiffent.

On peut voir dans la *Figure* cy
jointe la difpofition des Mines.

A. *Ouverture de la Mine.*
B. *Arbre qui fert à defcendre &*
   à monter.
C. *Travailleur qui monte chargé*
   d'un fac où eft la matiere
   Minerale.
D. *Veine du Metal.*
E. *Indien qui fait fauter la Ma-*
   tiere Metallique, pour en
   tirer le mineral.

Les

Les Mines doivent au Roi le quint du produit : cependant la difette & la chereté. de l'argent vif font caufe que beaucoup de mines ne rendent pas toujours à proportion de leur a-bondance. Le Mines d'or font affés communes dans le *Chili* , mais celles d'argent y font plus rares & plus negligées qu'au *Perou.* Les premieres rendroient confiderablement aux E-fpagnols, fi la bonne intelligence re-gnoit entr'eux & les Naturels du *Chili.*

F I N.

T A;

TABLE

DES CHAPITRES

De la Premiere & Seconde Partie des VOIAGES de FRANÇOIS COREAL.

PREMIERE PARTIE.

DES CHAPITRES.

CPSIA information can be obtained
at www.ICGtesting.com
Printed in the USA
BVOW06s2039271117
501179BV00090B/1800/P